発達障害
はじめの一歩

特別支援教育のめざすもの

発達協会王子クリニック　石崎 朝世

国立特別支援教育総合研究所　藤井 茂樹

少年写真新聞社

目　次

執筆・監修：発達協会王子クリニック院長　石崎 朝世先生

目　次

はじめに

発達障害をご存知ですか？　ADHDやLDやアスペルガー症候群といった名称を聞いたことのある方は少なくないでしょう。日本での社会的認知度を急激に上げるきっかけとなったのは、ドラマ「光とともに」（2004年日本テレビ放映）であったと言われます。このドラマの主人公は自閉症の男の子。その子が成長し、学校へ入って行く中でのさまざまな葛藤《かっとう》や成長を紡いだもので、原作は漫画（戸部けいこ作　秋田書店刊）です。主人公の抱える生きにくさは、自閉症の症状を本当には知らなかった多くの人々にとって衝撃でした。このドラマが一つの機縁となって、自閉症を含めた発達障害に関心が集まるようになったのではないかと思われます。

2007年４月、全国の学校で「特別支援教育」が本格的にスタートしました。これはこれまでの特殊教育（視覚障害、聴覚障害、知的障害、肢体不自由などが対象）に、上記のような発達障害を持つ子どもたちもサポートの対象に含めたものです。2002年に文部科学省が全国で行った調査で、発達障害の児童生徒が通常の学級に6.3％在籍しているという結果が出ました。これは少なくない数値です。しかし、振り返ってみれば、こうした子どもたちは昔からいました。注意力散漫でいつも怒られている子、会話が続かずいつも黙り込んでいる子など、「ちょっと変わってる」といわれがちな同級生、どの学校にも必ずいたのではないでしょうか。実は、彼らも発達障害だったのかもしれません。これらの発達障害は親のしつけのせいではなく、脳の機能的な問題によるものと言われています。こうした子どもたちは急に増えたのか、社会的な許容度の低下で目立つようになったのか、さまざまな説が論じられていますが、何より大切なことは、子どもたち一人ひとりに必要なサポートをしていくことです。こうした子どもたちへのケアは、その子だけにとどまらず、ほかの子どもたちにとっても役立つものです。

本書では、前半は症状・ケア・解説・４コママンガなどで、それぞれの障害の概略がつかめるようにしました。また、後半は、実際にどのようなサポートをすれば良いかのヒントを、イラストを中心に展開しました。発達障害について、これから知っていこうとする方に、最初に参考にしていただけるようになっています。また、すでに発達障害をご存知の方にも十分に役立つ内容となっております。

特別支援教育の制度はスタートしたものの、現場の先生も、保護者の皆さんも、迷いながら手探りで進めているのが現状だと思います。この本はどんな立場の方にも読みやすくわかりやすいものにしました。この本をきっかけとして、更に歩を進めていっていただければと思います。

この本の読み方

ぼくは脳のミーム。ミームという言葉には「心の中の情報の単位」という意味があります。いい情報をみんなの心に伝えていきたいという意味の込められた名前です。興味があったら調べてみてくださいね。

読者のみなさんと、発達障害についてしっかり学んでいきたいと思いますので、よろしくお願いします。

ミーム

この本は大きく２つに分かれています。前半は、主な発達障害についての解説、後半は、そうした障害のある子どもたちのための教育「特別支援教育」についての解説になっています。それぞれがイラストやマンガでわかりやすく説明されているので安心してくださいね。

<前半>

各章は、基本的にその障害の「症状」と「ケア」と「解説」＋「４コママンガ」になっています。

<後半>

障害の特性がわかったところで、そうした子どもたちのサポートのため、実際に何ができるかのヒントと、特別支援教育について紹介しています。

診断名の訳語変更につきまして（DSM-5に関連して）

2013年に出版された、アメリカ精神医学会の診断基準『精神障害の分類と診断の手引き（DSM-5）第５版』の病名や用語に対して、2014年５月28日、日本精神神経学会より「DSM-5病名・用語翻訳ガイドライン」が公表されました。

同ガイドラインでは多くの診断名が変更されています（混乱を避けるため、多くが旧診断名との併記になっています）が、教育現場の現状を鑑み、本書では従来の診断名を用いておりますのでご了承ください。

＜DSM-5による新診断名＞	＜本書での診断名＞
「注意欠如・多動症／注意欠如・多動性障害（ADHD）」	「注意欠如・多動性障害（ADHD）」
「自閉スペクトラム症／自閉症スペクトラム障害」※	「アスペルガー症候群」
「限局性学習症／限局性学習障害（LD）」	「学習障害（LD）」

※自閉スペクトラム症／自閉症スペクトラム障害は、自閉症やアスペルガー症候群を含む従来の広汎性発達障害とおおよそ同義語であり、DSM－5ではDSM－Ⅳにあったアスペルガー障害や特定不能の広汎性発達障害という下位分類はなくなりました。

2014年11月

第1章

ADHD

attention　deficit　hyperactivity　disorder
注意　欠陥　多動性　障害

次から次へと注意がうつる
ADHD の一般的な症状と
そのケアについて
みていきましょう

ADHDって？

Attention Deficit

注意欠陥＝注意力に欠ける

Hyperactivity

多動性＝じっとしていられない

Disorder

障害

5
Support
Series

それではADHDについて詳しく見てみましょう。

この章の構成

症状

バックがチェックの
ページは「症状」

ケア

バックがグレーの
ページは「ケア」

解説

バックが無地の
ページは「解説」

4コママンガ

最後に
「4コママンガ」

ADHDの症状

集中するのが苦手

次から次へとくる外からの刺激に影響を受け、1つのことに集中するのが苦手です。

ADHDの症状

じっとするのが苦手で衝動的

動きまわりたくなったり、考えずに行動してしまいがちです。

ADHDの症状
こんな視点も大切

合併障害があるかも

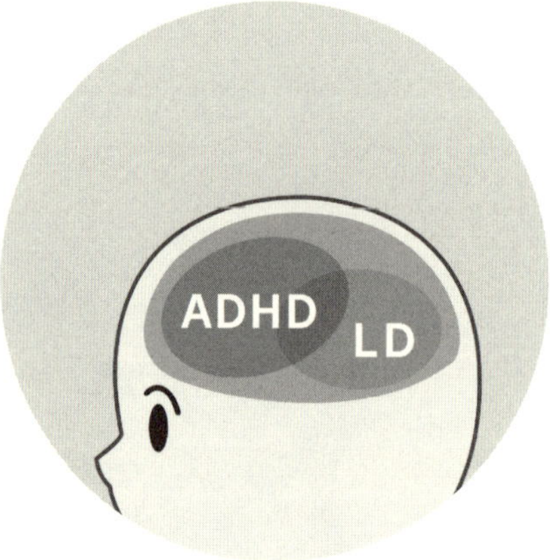

ADHDだけでなく、ほかにLDなども併せ持つことがあります。早期に発見することで、効果的な対応がとれます。

ADHDの症状
こんな視点も大切

2次障害防止

人とのかかわりの中でのつまずきから自己否定感を強く持つようになり、それによってうつや情緒不安定などの2次障害を引き起こすことがあります。

ADHDのケア
コミュニケーションアップのために①

★共感からスタート

行動にはそれなりの理由があります。一方的に注意するのではなく、なぜそうしたのかを聞いてあげます。共感からスタートすると次の意欲が生まれてきます。

ADHDのケア
コミュニケーションアップのために②

★わかりやすく説明

「そこ」ではなく「黒板の横の壁」、「あれ」ではなく「机の上の筆箱」など、指示語を使わずに明確に言葉で指示します。写真やイラストなどの視覚情報も有効。

ADHDのケア
コミュニケーションアップのために③

★ほめる

本人なりに努力しています。ほかの子どもと比べるのではなく、その子の努力をほめてあげてください。さらに努力する動機が生まれます。

ADHDのケア
コミュニケーションアップのために④

★やり方を教える

「そういうやり方はダメ」というのではなく、「○○すればいいよ」と教えてあげます。

ADHD（注意欠陥多動性障害）とは

ADHDとはattention-deficit / hyperactivity disorderの略です。attention-deficitが注意欠陥、hyperactivityが多動、disorderが障害の意です。

子どもたちの中には、認知面、情緒面、行動面の発達があまりにも個性的で、社会適応が難しい子どもたちがいます。このために日常生活に著しく支障がある場合は、これを発達障害と理解し、適切な支援が必要です。発達障害の主なものとして、精神遅滞（知的障害）、広汎《はん》性発達障害、注意欠陥多動性障害、学習障害が挙げられますが、これらの発達の問題を持つ子どもでも、環境や対応によっては「障害」ではなく、むしろ「普通」以上に能力を発揮する場合があります。とくに注意欠陥多動性障害（ADHD）では、その可能性が高いのです。

まわりのサポートによっては、「障害」とならない場合もあるんですね。

ADHDの原因

ADHDの有病率は、学童期の子どもで３～５％と言われ、男女比は４～９：１と男子の方が圧倒的に高いのです。

原因は、一般的には生まれつきの脳の発達の問題と考えられ、遺伝の関与も大きいとも考えられています。また、遺伝ではなく、脳に同じような変化をもたらすことがあるてんかんや出生児の低体重、脳の外傷や腫《しゅ》瘍《よう》など器質的な障害、代謝疾患による場合もあります。また、神経系の活動は環境因子によって変化する部分があり、乳幼児期からの愛情剥《はく》奪《だつ》や虐待なども、その程度によっては、ノルアドレナリン、ドパミン、セロトニン神経系などの発達に影響を及ぼし、ADHDなどの発達障害を引き起こす可能性もあります。症状の出方やその強さも、生まれつきの因子によって規定されるところはあっても、幼いころからの対応や環境にも影響を受けます。

ADHDの症状

症状は、日常生活に著しく支障を来すほど多動、注意集中困難、注意転導（気が散る）、衝動性が目立つ人のことを言います。基本的な病態としては4つの実行機能に問題があるといわれています。①心の中に情報を留め置き、それを引き出すこと（ワーキングメモリー）、②発語のコントロールと言葉で考えること、③気分、覚醒《せい》状態の制御、④行動を分析して新しい行動を作り出す能力の低下などです。これらによって、言われたこと、見たことをすぐ忘れてしまったり、不適切におしゃべりしたり、考えて行動できなかったり、興奮しやすかったり、しっかり目覚めていなければいけないときに眠たくなってしまったりします。また、失敗して反省したつもりでも、同じことを繰り返してしまったりします。自己中心性が目立っていたり、ひどく反抗的な子どももいます。こだわりや切り替えの悪さがあって、好きなことには熱中もしやすく、また、刺激へ過敏に反応しすぎる子もいます。発達性協調運動障害、学習障害（LD）が合併したり、広汎《はん》性発達障害（PDD）に近い社会性の問題を持つこともあります。

ただ、ADHDはほかの発達障害と大きく違って、障害やその程度が状況や年齢でかなり変化します。多くの子は、小学校高学年ごろになると問題が少なくなって周囲に適応していきます。さらにおとなになると、ADHDの特徴が残っていても、本人が自ら適した環境や適した職業を選ぶことができるようになり、のびのびと生活し、むしろ個性的な仕事で認められるようになる人も多いのです。

つまり、多くの場合、障害とはいえない状態になります。ある程度の自己中心性や反抗心、衝動的な行動力、多少、落ち着きなく注意が移りやすい中でのひらめきや、興味のあることへの熱中は長所ともなりえるのです。事業家、芸術家、マスコミ関係の仕事を持つ方などは、元ADHDであったり、ADHD的な方が多いようです。ただし、極端に自信をなくしたり、対人関係や自分の将来に大きな不安をもったり、人間不信に陥ってしまったりすると、さまざまな情緒面の問題を起こしてくることがあります。ときには、人格障害（反社会的性格）、行為障害、アルコール依存、薬物依存、精神病様反応を呈することがあります。

成長するにつれて、
多動はおさまっていく
ことが多いんですね。

ADHDの対応

★ほめる…本人なりに努力しています。ほかの子どもと比べるのではなく、その子の努力をほめてあげてください。更に努力する動機が生まれます。

★わかりやすく説明…「そこ」や「あれ」などの指示語は非常にわかりにくいものなのです。「黒板の横の壁にはってある…」とか「机の上の筆箱」など、明確に言葉で指示してあげます。写真やイラストなどの視覚情報を加えると更にわかりやすくなります。

★共感からスタート…行動にはそれなりの理由があります。一緒に遊びたいのに、どうやって仲間に入っていいのかわからずに、いきなりボールをとりあげてしまったりすることもありますが、そんな時、頭ごなしにしかるのではなく、「一緒に遊びたかったんだね」と、その子の気持ちに共感することからスタートできれば、次は違うやり方で挑戦する意欲が生まれてきます。

★やり方を教える…「『仲間に入れて』って言うんだよ」と、やり方を教えてあげます。「○○はダメ！」という否定形ではどうすればいいのかわからないままなので、「□□すればいいよ」と実際のやり方を言ってあげてください。

基本的な対応としては、特徴を理解しつつ、できるだけ小さい時期から、社会参加に必要な人とのやりとりの仕方や基本的なルールを教え、行動や情緒を自己コントロールする力を養うこと。またその子なりの努力を評価し、得意なところも見いだし、自信を育むことが大切です。

社会性の問題を持つ場合は、特に人とのかかわり方、やりとりを丁寧に学ばせていく必要があります。著しい多動、不注意、衝動性で２次的な問題が大きいと思われるときは薬物治療も考えられます。中枢刺激剤であるメチルフェニデートが約８割で効果を示しますが、活動的な良い面もなくす可能性があり、使用は慎重にしなくてはなりません。

どうでしたか？
ADHDについて、おわかりいただけましたか？
次は４コママンガでADHDを学びましょう。

マンガ

ADHDのカイト君

ここでは、ADHD のカイト君の日常生活を
４コママンガでご紹介します。

症状には個人差があるので、１つの例だと思って読んでくださいね。

無《む》頓《とん》着《じゃく》です

ー気になりませんー

体育の授業の時、ぬぎっぱなしにしたポロシャツを裏返しにして、後ろ前に着て帰ってきました。よく、誰にも注意されなかったね。

ズボンも後ろ前にはくこともあり、くつは左右反対にはくことも。「何だか変」を感じる感覚がまだ発展途上なんでしょうね。

今は、服の裏側に「まえ」「うしろ」とマジックで書いています。

体育の授業のあった日
ただいま
おかえり
あれ、そんな服着てたっけ？
ポロシャツを裏返しにしたうえに
後ろ前に着て帰ってきました。
着てて、変じゃなかったの？
うん
ズボンの裏には「まえ」「うしろ」を書いてます。
まえ
くつも左右反対だったりします

整理整頓苦手です

ー机の中から出てくるものはー

　次から次へと注意が移っていくので、何かを整理するのがとても苦手です。

　ときどき机の中をのぞくとびっくり。学校の机の中身を持って帰ったときには、出るわ、出るわ、行方不明だったランチマット、１か月前のプリント、かみきれずに食べ残したお肉のかたまり…。

明日から夏休み
机の中のものを全部持って帰りましょう。
はーい
はーい
引き出しがわりのボックス
そのまま、持って帰ることができます。
家で
どれどれ
なくなったと思っていたものが、たくさん出てきます。
うわぁっ！
かみきれなかった給食の肉
なくなったと思っていたハンカチ
1か月前のプリントなどなど…
お知らせ

後で考えればわかるんです

ーその瞬間は好奇心だけですー

スーパーは危険な場所です。陳列してあるパンや果物などついつい触りたくなってしまいますよね。ふつうは、その後どうなるかも一緒に考えてやらないものですが、カイト君は、その瞬間は好奇心のみになってしまい、つい触ってしまいます。

それが悪いことだということも、怒られることも知っているのですが、思い出すのはやった後。

積み上げている箱、缶詰にも要注意。中のを1つ抜きたい衝動にかられているようです。

スーパーに行くときは、覚悟が必要です。

（あと、熱い鍋《なべ》や、ドライアイスも要注意です。）

スーパーでパンが並べてあると

思わず手が

出てしまいます。

怒られることも知っているのですが…

それを思い出すスピードが遅いのです。

目立つの大好き

ー「呼び水」効果大ですー

バスの席は一番前、マイクは握ったらはなさない、目立つことが大好きです。

初めて会う人たち、子どもだけでなくおとなもいっぱいいる場所でもものおじしません。みんながお互いをうかがってだまっている時でもおかまいなし。積極的に発言するので、それが呼び水となって、その後なんだかみんなも発言しやすくなるようです。

※ちょっと社会性が未熟なタイプのADHDといえます。

キャンプで
初めて会った人の前でも、ものおじしません。
よーし、じゃ、自己紹介したい人？
おまけに目立つの大好き
お！
はい、はい、はーい！！
つられてみんなも積極的に
上出来！
カイトです。よろしくね！
本人の興味は次に移っています…
じゃ、次
じゃぁ
はぃ

おしゃべりがとまらない

―頭に浮かぶことを全部出します―

思い浮かんだことは何でも口に出してしまいます。ずーっとしゃべっていますが、こちらが聞いていないと「聞いてる？」と確認してきたりして。

とは言え、自分から一方的にしゃべるのは好きだけど、会話となるとちょっと…。最初の一言しか耳に入らないので、どんどん話題が変わる子ども同士のおしゃべりにはついていけなくなることも。言葉のキャッチボールは苦手なんです。

大好きなアニメキャラのカード
○○ってね、あーでね、こーでね。知ってる？
ねー、ねー、知ってる？聞いてる？
ん？
知らないよー
本読んでるしさ…
じゃ、もっと簡単なやつを教えてあげるね。××はね～…
っていうか、別にいいです…

基本、上機嫌です

ーのりがいいんですー

人が集まる場所やイベントなどの雰囲気が大好きです。うれしくなってワクワクしてきてしまうようです。目立つのも、注目されるのも大好きなので、エキサイトしてしまいます。

まじめにおとなしくしていなければならない場所ほど、興奮してしまう傾向もあります。

※落ち込む時もはでですが、翌日はけろっとしていることが多いです。

お迎えで先生に
カイト君、うれしくなっちゃったみたいです。
は〜
よく「うれしくなっちゃった」と言われます。
父と母とカイトだけの家では今ひとつ意味不明
よく言われるのよね。
ふ〜ん
しかし、それは卒園式という晴れの舞台でわかりました。
あれか
イベントや人ごみに興奮してしまうようです。

無視しているのではありません

―聞こえすぎと聞こえなさすぎの両極端―

すべての音が区別なく、同じレベルで耳に入ってくることもあれば、ひとつのことに集中していると、あとは何も聞こえなくなることも。

そんな時に話しかけられても、本人には全然聞こえていないのです。無視しているのではないのです。

あっ

道ばたで後ろから見かけて、

カイト君

声をかけても、

カ・イ・ト・く〜ん!

何度かけても、

かたつむり
無視した〜!

何かに集中している時は、
聞こえません。

おまけに道を斜めにわたって
いたね。

じっとしていられません

ーただ、座っているのはゴーモンですー

お母さんと二人で旅行に出かけたとき、お母さんははりきって指定席をとりました。

しかし、座っていられたのはお弁当を食べた最初の 10 分間だけ。あとは、車内狭しと、大探索の旅へ。先頭車両から最後尾の車両まで。もちろんお母さんも一緒です（人にご迷惑をおかけしてはいけないので）。着くころにはへとへと…。

せっかくとった指定券も意味がありませんでした。

旅行に行くのに、指定席をとりました。

お弁当を食べる10分は座っていましたが、

あとは先頭車両から最後尾まで大移動

指定券は必要なかったね。

じっと座っているのつらいんです。

何でも耳に入ります

ー音を無差別に拾いますー

ふつうは、自分に関係のある音だけを拾って聞くものですが、カイト君はすべての音を拾ってしまうのです。

そんなつもりじゃなくても、興味の対象がどんどん移り、おとなしく聞いているだけでも一苦労です。

※これは自閉症の特徴ともいえます。

さおだけ屋の売り子の声も…
さおだけー さおだけー
あっ
○○選候補、××でございます
あっ
選挙カーの遊説も…
ほかのクラスの指示も…
一列にならんでくださーい
あっ
全部同じレベルで耳に入ってくるので、
気が散りまくり、
カイト君！集中しなさい！
全然集中できません。

1つしか覚えていません

―最初に聞いた言葉に反応してしまいます―

会話の最初に出てきた言葉が、重要な言葉であってもなくても、その言葉に食いつきます。「あれが、こうして、そうなるから…」という文章は､最初の「あれ」以降はシャットアウト。「あれ」についての独自の世界をひとりで展開していきます。

はじめの言葉しか聞いていません。
今日のあいさつは、カイト君お願いね。
まだ、話し終わっていないのに…
司会が名前を呼んだら、前に出て、礼をして…
わーい、ぼくがやる！
気がつけば…
あれ？
もう、やっています。
あら〜
カイトです！

あの人もそうかも

一芸に秀でている人の中には、発達障害だったのではないかといわれる人がいます。

レオナルド・ダ・ヴィンチ

イタリア・ルネサンス期の万能の天才

イタリア・ルネサンスを代表する人物。「モナ・リザ」や「最後の晩餐」などの絵画で有名。その活躍は芸術の分野のみにとどまらず、科学、医学、建築学などあらゆる分野で才能を発揮しました。

第２章

アスペルガー症候群

asperger syndrome

ティラノサウルス
ステゴサウルス
トリケラトプス
アロサウルス
プロトケラトプス
エオラプトル・・・
すご〜
〜〜い！
Support
Series

「小さな博士」とも呼ばれる
アスペルガー症候群の
一般的な症状とそのケアについて
みていきましょう

アスペルガー症候群って？

知能は人並み以上の場合もあり、コミュニケーションの不思議さが目につく
好きな分野はとことん追求するところがあり、「小さな博士」と呼ばれることも
盛り上がっているのりがわからず「クール」に見られたり
運動が不得意なことが多い
それではアスペルガー症候群について詳しく見てみましょう。

この章の構成

症状

バックがチェックのページは「症状」

ケア

バックがグレーのページは「ケア」

解説

バックが無地のページは「解説」

4コママンガ

最後に「4コママンガ」

アスペルガー症候群の症状

知的な障害の無いタイプ

ティラノサウルス
ステゴサウルス
トリケラトプス
アロサウルス
プロトケラトプス
エオラプトル・・・
すご〜〜〜い！
Support
Series

知能は普通かそれ以上のこともあるので、
かえって気付くのが遅れることもあります。

アスペルガー症候群の症状

人の気持ちや場の空気が読めない

場の雰囲気を感じ取ったり、人の表情を読んで行動することが不得手です。

アスペルガー症候群の症状
こんな視点も大切

言葉通りに受け取ってしまいます

目に入れても
痛くないわ
痛いです！

たとえや冗談など、言葉の背景に込められたニュアンスを読み取るのが苦手で、言葉通りに受け取ってしまいがちです。

アスペルガー症候群の症状
こんな視点も大切

いじめの対象になりやすい

相手の気持ちを察して人に合わせるのが不得手なため、グループに入れてもらえず、いじめの対象にされがちです。

アスペルガー症候群のケア
コミュニケーションアップのために①

★こだわりをいかす

こだわりの強いのがアスペルガー症候群の特徴ですが、その子にあった道でそのこだわりを生かしてあげられれば、将来、優れた成果を出す可能性もあります。

アスペルガー症候群のケア
コミュニケーションアップのために②

★安定した環境に

すべての子どもたちに共通していることですが、教師同士のネットワークが安定していると、子どもたちは安心していられます。発達障害のある子どもたちはなおさらです。

アスペルガー症候群のケア
コミュニケーションアップのために③

★前もって伝える

あしたの1時間目は
運動会の練習に
変わります
!

ものごとがスケジュール通りに進行することで精神的に安定しますが、急な変更は苦手です。スケジュールに変更がある場合は、前もって伝えることで、見通しがたち不安を少なくできます。

アスペルガー症候群のケア
コミュニケーションアップのために④

★一貫したルールを

人によって対応が違うと混乱します。その子に接する先生同士で同じ情報を共有し、対応の仕方を一定にします。

アスペルガー症候群の症状

アスペルガー症候群は、自閉症スペクトラム（P.63～65参照）の①社会性の障害 ②コミュニケーションの障害 ③想像力の障害とそれと関連した ④行動の障害（興味の限局やこだわりなど）という４つの特徴はあるけれども、知的障害はなく、ある程度生活へ適応する力を持っています。また、ことばについても明らかな発達の遅れがないことが特徴です。そのため環境によっては、障害として支援を受ける必要はない、いわゆる「個性」といえる状況になりえます。特徴がそれほど目立っていなければ、特にそういえます。

もう少し具体的に特徴を説明すると、前述の①の特徴から、人の気持ちがわかりにくい（気持ちを共有しにくい）、場の雰囲気がわかりにくい、マイペースすぎる、というふうになります。そのためまた、他意はないのに、人を傷つける発言をしてしまったり、人の冗談がわかりにくかったりします。勝手な行動をとってしまうこともあります。

②の特徴からは、自分からは勝手にしゃべるものの、話のキャッチボールができにくい、相手の話の意図がつかみにくい、といったことがあり、ことばの遅れがなくとも、うまくコミュニケーションができません。

③の特徴からは、決められていること以外では、これからどうなるだろうといった状況の理解ができにくい、見通しをつけにくい、そして、見通しがつかない状況や自分の思っている通りにならないと不安がつのるという傾向があります。そのため、融通がきかなかったり、ものごとにこだわったり、自分でイニシアチブをとりたがったりします。また、興味や活動が限られ、反復的な行動もみられます。しかし、空想の世界に浸ったり、ファンタスティックな物語を独自に作ったりといった想像力は普通の人以上にあったりします。

その他、特定の音や状況に敏感すぎる、時間の感覚が普通と違う（具体的な指示があればよいが、基本的に時間を見計らって行動することができにくいことや、突然過去の記憶を鮮明に思い出すタイムスリップ現象がある）など感覚、感性の特異さも併せ持っていることもあります。また、しばしば、形の理解や見て状況を理解するといった非言語性の能力の障害や、発達性協調運動障害と診断されるほどの不器用さやバランスの悪さをもっていることがあり、それらに対する理解が必要です。ADHDの症状も持っていることが少なくありません。

アスペルガー症候群の対応

基本的な対応は、このような状況を理解して、人とのかかわり方や基本的な社会のルールや身のまわりのやるべきことを教え、見通しを持てるように説明を加えて、視覚的に構造化するなどわかりやすい環境を提供し、安心して集団生活を送れるように配慮します。得意なことを持っていることが多いので、それも認めて自信をつけるようにしていくと、少しずつまわりのことも見えてきて、集団生活に適応する行動も増えていきます。特定の音や臭い、皮膚感覚など刺激への過敏が目立つこともあり、理解と配慮が必要です。

周囲の状況を無視しがちでありながら、好きなことには、人一倍熱中し、ときには、特定の分野で高い能力を発揮して認められる人もいます。ただ、理解されない環境では、不安、過敏、こだわりなどの 情緒障害が強くなり、社会への適応が困難となるので配慮が必要です。

特に、学校では、集団から浮いてしまったり、身勝手と思われる行動をとったりすることから、いじめの標的になることもあるので、これは防がなければなりません。また、ほかの人の言葉や行動を被害的に感じて、より不適切な行動をとってしまい悪循環になることがあるので、被害的にならないように注意をしていくことが大切です。しばしば合併するADHD症状への理解も必要です。

自閉症スペクトラム

自閉症スペクトラムについてもう少し詳しくご説明します。スペクトラムとは「連続体」という意味です。自閉症スペクトラムは、イギリスの児童精神科医ローナ・ウィングが提唱した概念で、自閉症者から定型発達※までを連続体として考えます。

自閉症スペクトラム（≒広汎性発達障害）とは、①対人関係が薄くて社会性の発達が悪い、②コミュニケーションの障害がある、③想像力の障害が根底にあって、④興味・活動が限られ、強いこだわりや反復的行動があるという特徴を３歳以前から持っている人のことを言います。

これらの４つの特徴が顕著である場合は「自閉症」、４つの特徴はあるけれど、知的発達の遅れや言葉の発達の遅れがない、また対人関係以外では、ある程度、生活への適応能力を持っている場合を「アスペルガー症候群」、特徴はあるけれど症状がそれほど強くない、一部の症状は目立たない、あるいは発症年齢（気づかれる年齢）が遅い場合は「非定型自閉症あるいは特定不能の広汎性発達障害」と診断します。

自閉症でも、知的障害のないもの（IQ70以上）は高機能自閉症と表現します。

なお、アスペルガー症候群にも症状が軽い人、また特定不能の広汎性発達障害でも症状が軽く、知的発達の遅れがない人は、環境によっては障害とはいえず、いわゆる性格の範囲といえるかもしれません。このような傾向のある人は、定型発達の人よりは社会に適応しにくく、適応障害によるストレスで特徴が目立つようになり、悪循環となることがあります。この傾向（広汎性発達障害の要素）が理解され、人とのかかわり方を教えられたり、得意なところを伸ばすようなかかわりがあれば、障害とはいえず、むしろうまく個性を発揮できるようになるかもしれません。自閉症スペクトラムの対応は前述のアスペルガー症候群への対応と大きなかわりはないですが、ことばの遅れが目立つタイプには、写真・絵カードなど視覚的な情報がコミュニケーションに役立ちます。知的障害がある場合はそれへの理解が必要です。

注：厳密に定義すると広汎性発達障害はレット症候群や小児崩壊性障害という特定の疾患を含み、自閉症スペクトラムは一般的にはそれを含みませんので、これらは全く同じとはいえませんが、本書では、ほぼ同義語として用いています。

※定型発達…「普通」と言われる人

自閉症スペクトラム（≒広汎性発達障害）

3歳以前から

①社会性の障害

②コミュニケーションの障害

③想像力の障害

④興味の限局とこだわりや反復的行動

の特徴がみられる

図　自閉症スペクトラム

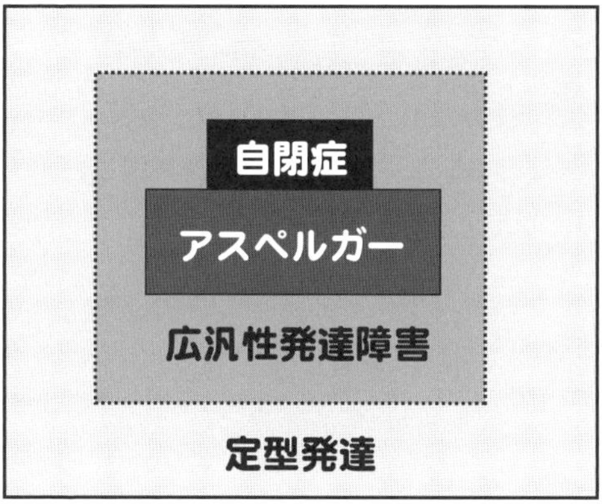
自閉症
アスペルガー
広汎性発達障害
定型発達

多くの人が、この連続体の
どこかに属しそうですね。

どうでしたか？
アスペルガー症候群について、
おわかりいただけましたか？
次は４コママンガでアスペルガー
を学びましょう。

マンガ

アスペのゴロちゃん

ここでは、アスペルガー症候群のゴロちゃんの日常生活を４コママンガでご紹介します。

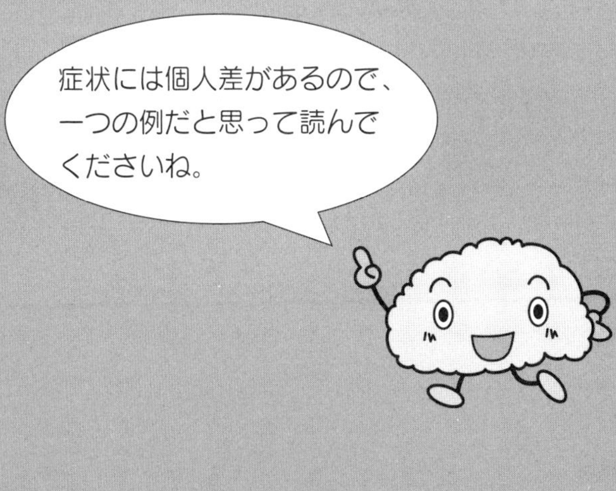
症状には個人差があるので、一つの例だと思って読んでくださいね。

本音全開です

ー場の空気を読めずに、そのまま言いますー

アスペルガーの子どもたちは、いやみやおせじなどにこめられた言葉の意味を感じ取るのが苦手です。このあたりがコミュニケーションが苦手と言われるゆえんでもあります。

記憶力では、時に驚異的な力を発揮するゴロちゃんも、言葉のふくみを読み取るのは大の苦手。悪気は全然ないので、見たままを言ったことがいやみになってしまっていることに気がつきません。

※小学校低学年くらいでは自分がからかわれても気づかないほどですが、高学年くらいになるとそうしたことを被害的に感じやすくなるので、周囲のサポートが大切になります。

見た通りのことを口にしてしまいます。

りちぎです

―言われた通りに受け止めます―

私たちは日常生活の中で、さまざまなたとえや言い回しを使っています。「まっすぐ帰る」といっても、途中、曲がり角などで曲がることは、当然お互いに承知して「まっすぐ」という表現を使っています。

「みんなと仲良くしましょう」とは言っても、相性で仲良くできない人もいるということはお互いにわかって言っていますが、アスペルガー症候群は、言われた通りに受けとめ、言われた通りにがんばろうとするのです。

言葉じりにこだわってしまうゴロちゃんとの会話は、「なんでそうなるの…？」という結末になってしまうことがよくあります。

おばあちゃんからの電話で
元気？
元気だよ
何してたの？
学校から帰ってきたところだよ
じゃあ、まっすぐ帰ってきたのね
ううん、違うよ
え？
学校からより道せずに帰ってきたら、これくらい…
たしかにいろいろ曲がるけどね…
桜公園で曲がって、コンビニのところで曲がって、門のところで曲がって、帰ってきたの
だから、それがまっすぐだって言うの…

こだわります

―プチ激怒がひんぱんに起こります―

　ゴロちゃんには食べものに対して独特のこだわりがあります。独自の美的感覚によるものなのか、何かの法則にしたがって、きれいに食べたいようです。

　その法則が途中でくずされると、突然キレて激怒します。「どうせおなかに入ってしまえば同じ」というジョーシキはゴロちゃんには通じません。

今日のおやつは
おせんべいね
ハーイ
カジカジ
どうしたの？
おせんべ
こわれたー
割れても味は
同じでしょ
今日の僕の一日は
最悪だー
そんな大げさな…

月が欠けていくように食べたかったらしい…

負けず嫌いです

ープライドは高いのですー

脳の働きが個性的なので、頭ではわかっていても体が思うように動いてくれないところがあります。

カルタとりなどは敏しょう性が勝負のゲーム。目で見てどこにカードがあるか頭ではわかっているのに、体がすっと動かなくてなかなかとれません。

しかし、プライドは高いので、自分がどうやっても勝てないことに、いきなりジダンダ状態になることがあります。

カルタやトランプは苦手
でも誘われると…

カルタ
やろうよ
う、うん
どこにあるかわかっても
体が思う通りに動かない…
ハイ!
あ
やっているうちに
イライラがたまって…
ハイ!
あ
最後は大爆発して、みんなも
びっくり!
やだよー!!
どうしたの??

触られるのが苦手です

―水に触るのが苦手なことも… ―

アスペルガー症候群は、人に触られたりするのが苦手なことが多いのです。その延長線上か、水に触るのも苦手なことが…。

ゴロちゃんはシャワーを浴びるのも苦手で、お風呂に入れるのはいつもひと苦労です。

水泳の授業となると、体の反応のトロさが加わって、うまくいかない確率大。うまくいかないのは大キライなので、プールのある日は休みたがります。

水が苦手で、お風呂に入るのもひと苦労。
お風呂入りなさい
—お風呂後
お疲れさま
は〜疲れたー
プールのある日は休みたがり…
—プールのある日は
えー
元気なのに
プールいや
休む
—帰ってくると
あらら
お疲れー
ハ〜
ヘトヘトです
疲労こんぱいな一日です。

すごい集中力

－小さな博士と呼ばれます－

　興味のないことは決してやりたがりませんが、好きなことに対する集中力はずば抜けています。

　恐竜とお絵かきが大好きなゴロちゃんは、睡魔に負けて色鉛筆を持ったまま、スケッチブックの上で果てるまでひたすらかきつづけます。

　この力を良い方に向けられたら、将来は人類に貢献する大科学者か芸術家になるかも…。

恐竜好きのお絵かき好き
お風呂入りなさーい
…
もう寝る準備しなさーい
…
もう寝なさい
…って寝てるのね
ZZZ
スゴイ集中力

口がたちます

ー逃げ口上も持ってたりして…ー

記憶力が異常によいゴロちゃん。「ぼくが２、３歳のころ、お母さんはあそこの曲がり角で、ぼくにこう言った…」などとしかけてきて、お母さんもギョッ！

疑問を持つと、時と場所に関係なく、いつまでも執着して聞き続けることも。

コンビニに置いてあるアイスクリームの種類についてしつこく聞かれた時、「お店の人に聞いてみたら？」と言ったら、「そんなこと、ぼくは子どもだから言えないよ」。

コミュニケーションが苦手なゴロちゃんも、自己防衛の方法は見いだしているようです。

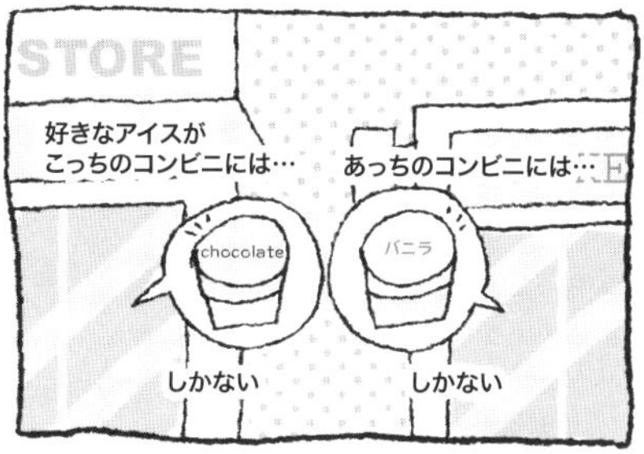
STORE
好きなアイスが
こっちのコンビニには…
chocolate
しかない
あっちのコンビニには…
バニラ
しかない

いっぺんに違う種類のアイスクリームを買っておきたい。

ねー、どうして両方とも置いてないの？

お店とアイスの会社で相談して何を入れるか決めているのよ。今度、お願いしてみたら？

こんなことまで説明してます

そんなことぼくは子どもだから言えないよ。

コミュニケーション苦手だもんね。

うるさいのは苦手

―いきなり消えたりパニくったり―

ホームセンターや量販店などに入ると、大音響でBGMやいろいろな音が流れています。

定型発達の人は、無意識のうちに、自分に必要な音をピックアップして聞いていますが、ゴロちゃんの耳には、あらゆる音が同じレベルで流れ込んでくるようで、時にパニックを起こします。

ふっと目の前から消えたと思うと、お母さんの靴の上に座り込んでいることも。

うるさい場所では、母の靴の上がゴロちゃんの指定席となっています。

ホームセンターや量販店は
BGMが大音量
ホームセンター〜
ホームセンター〜
ごろちゃんは聴覚が過敏な
ので
大売り出しです
時々、突然消える
あら、消えた？
音の聞こえ方が違うのか？
母の靴の上が
緊急避難所

あの人もそうかも

一芸に秀でている人の中には、発達障害だったのではないかといわれる人がいます。

アインシュタイン

20 世紀の天才物理学者

20 世紀を代表する物理学者。相対性理論など革命的な理論を発表、後にノーベル物理学賞受賞。天才の代名詞的存在。親しみやすい風貌《ぼう》とそのユニークな発言で注目されたが孤高癖があったといわれます。

第3章

LD

learning disabilities
学習　障害

特定の機能に問題がある
LDの症状とそのケアに
ついてみていきましょう

LD（学習障害）ってどんな感じ？

特定のことだけが
極端に苦手だったり
する

ほかに問題がない
ため気付かれにくい
ことがある

注目!!

LDとは、全体的に知的な発達の遅れがないものの、P.88～93の能力の問題が1つか2つ以上ある場合を指します。

この章は…

この章の構成

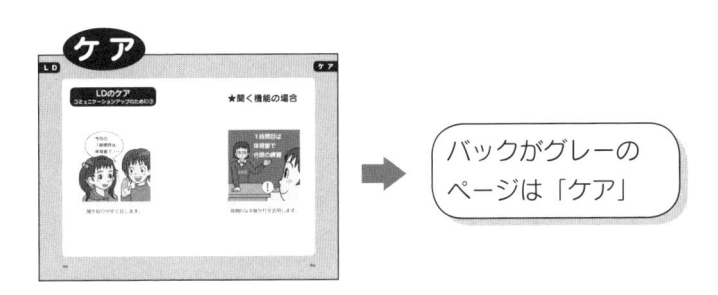

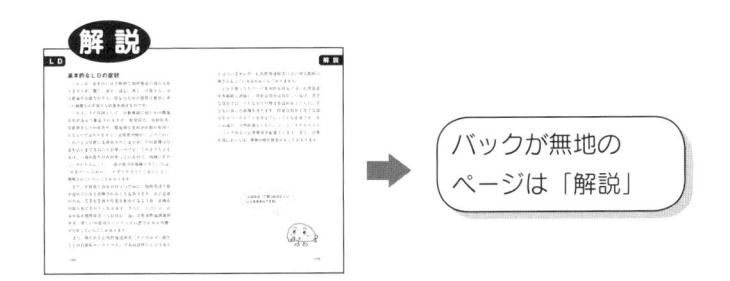

バックがチェックの
ページは「症状」

バックがグレーの
ページは「ケア」

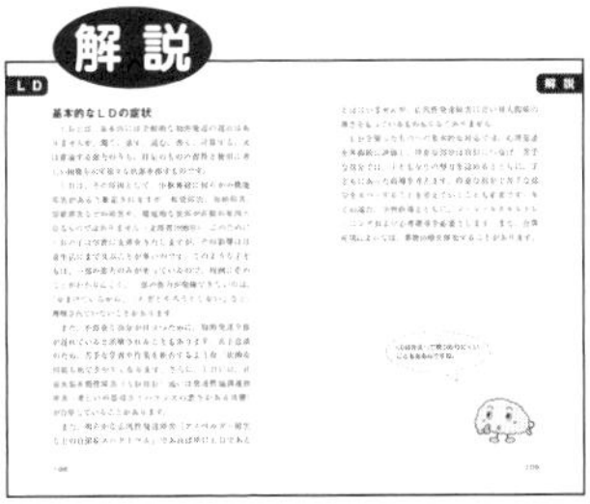

バックが無地の
ページは「解説」

LDの症状①

話す機能に問題

例

ひっこみ思案とは違い、話す機能がほかの機能に比べてまだ未発達で、話すとなると急にパニック状態になる場合があります。

LDの症状②

読む機能に問題

例

読んでいる所を見失うなど。

LDの症状③

聞く機能に問題

例

人の話を聞きとりにくいなど。

LDの症状④

計算する機能に問題

例

数字に置き換えるのが苦手など。

LDの症状⑤

書く機能に問題

例

鏡文字になってしまうなど。

LDの症状⑥

推論する機能に問題

例

情報を組みあわせて出力するのが苦手など。

LDのケア

コミュニケーションアップのために①

えっとねぇ
………
ゆっくりで
いいよ

言葉をゆっくり待ち、話したくなる雰囲気をつくります。

★話す機能の場合

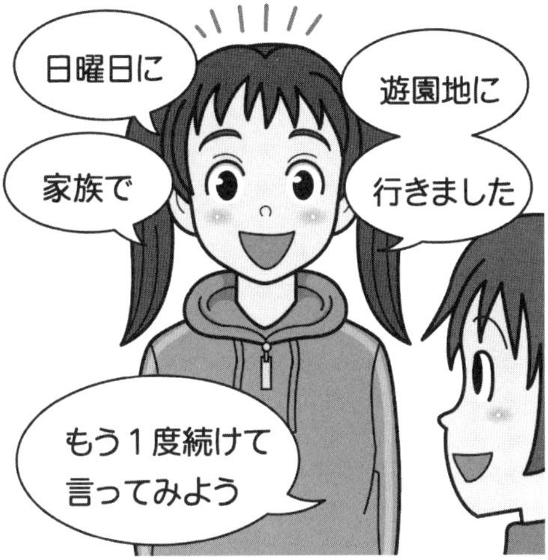
日曜日に
家族で
遊園地に
行きました
もう１度続けて
言ってみよう

話す練習をします。

LDのケア
コミュニケーションアップのために②

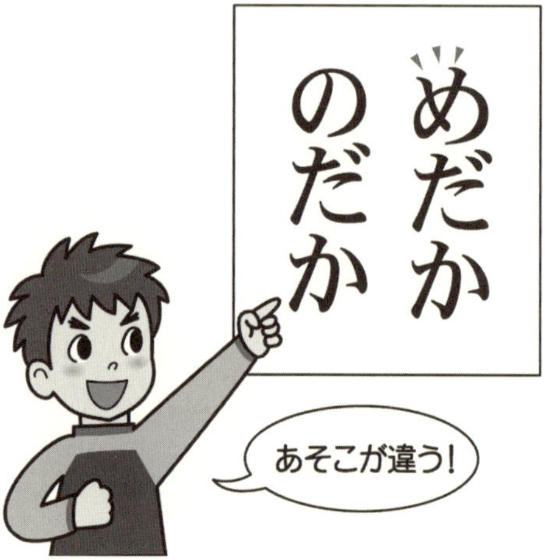
めだか
のだか
あそこが違う!

似た字を読み分ける練習。

★読む機能の場合

めだかの学校は
川の中
そっとのぞいて見てごらん

読みやすくなる工夫を。

LDのケア
コミュニケーションアップのために③

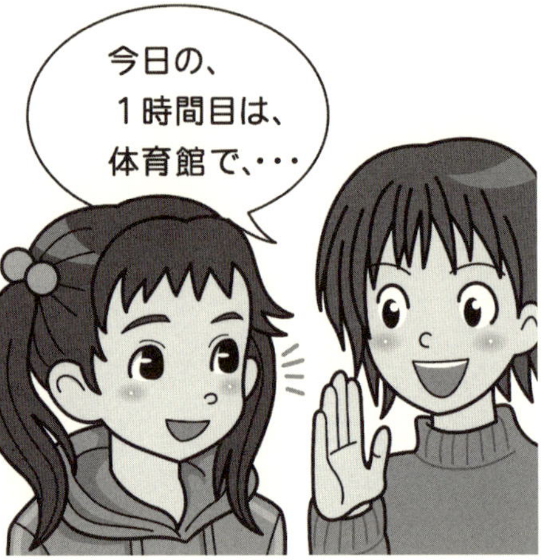
今日の、
１時間目は、
体育館で、・・・

聞き取りやすく話します。

★聞く機能の場合

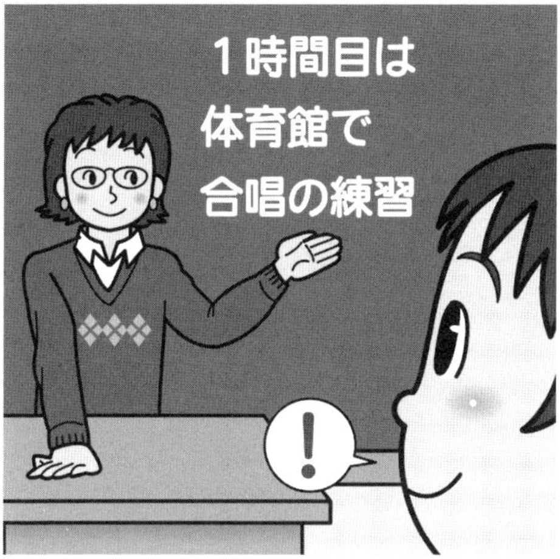
1時間目は
体育館で
合唱の練習
!

視覚的な手掛かりを活用します。

LDのケア
コミュニケーションアップのために④

これを式にすると
6÷3=2
となるよ

何度でも繰り返し説明します。

★計算する機能の場合

計算の負担を減らします。

LDのケア
コミュニケーションアップのために⑤

手元にお手本をおいて書きます。

★書く機能の場合

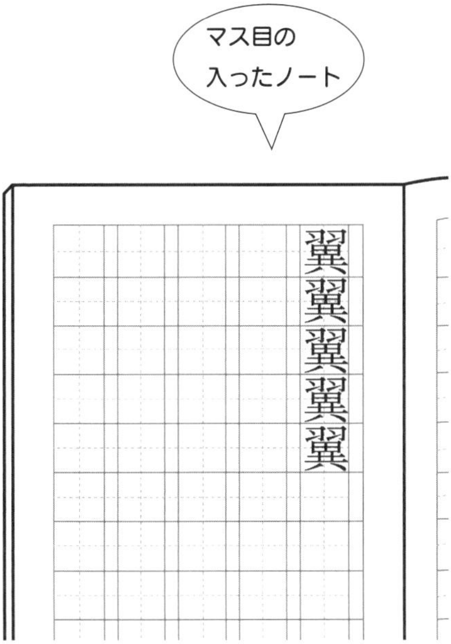

書きやすくなる工夫をします。

LDのケア

コミュニケーションアップのために⑥

★推論する機能の場合

さまざまな情報を統合して、一つの推論を出していくことは、実は非常に高度なことなのです。

苦手な分野をきたえながら、得意な分野を生かして、ゆっくりいきましょう。

LDのケア
ほかにも…

読み書きは苦手
でも絵は得意！

得意なことに光を当てます。

いいね、
その調子

プレッシャーをかけないようにします。

能力に合わせた学習。

負担を減らす工夫をします。

全般的なＬＤの症状

ＬＤとは、基本的には全般的な知的発達の遅れはありませんが、聞く、話す、読む、書く、計算する、又は推論する能力のうち、特定のものの習得と使用に著しい困難を示す様々な状態を指すものです。

ＬＤは、その原因として、中枢神経に何らかの機能障害があると推定されますが、視覚障害、知的障害、情緒障害などの障害や、環境的な要因が直接の原因となるものではありません（文部省1999年）。このためにＬＤの子は学習に支障を来すうえ、その影響は日常生活にまで及ぶことが多いのです。このような子どもは、一部の能力のみが劣っているので、周囲にそのことがわかりにくく、一部の能力が発揮できないのは、「なまけているから」、「わざとやろうとしない」など、理解されていないことがあります。

また、不得意な部分が目立つために、知的発達全体が遅れていると誤解されることもあります。苦手意識のため、苦手な学習や作業を拒否するような二次的な問題も出てきやすくなります。さらに、ＬＤには，注意欠陥多動性障害（ＡＤＨＤ）あるいは発達性協調運動障害（著しい不器用さとバランスの悪さがある状態）が合併していることがあります。

また、明らかな広汎《はん》性発達障害（アスペルガー障害などの自閉症スペクトラム）であれば単にＬＤであるとは言いませんが、広汎性発達障害に近い対人関係の薄さをもっているものも少なくありません。

ＬＤを疑ったものへの基本的な対応では、心理発達を客観的に評価し、得意な部分は自信につなげ、苦手な部分では、子どもなりの努力を認めるとともに、子どもにあった指導法を考えます。得意な部分で苦手な部分をカバ－することを考えていくことも必要です。多くの場合、学習指導とともに、ソ－シャルスキルトレ－ニングおよび心理指導を必要とします。また、合併症状によっては薬物治療を併用することがあります。

LDはかえって見つかりにくい
こともあるんですね。

主なＬＤの症状

次に主なＬＤの症状を示します。

●聞くことに難しさがある場合：聞いて理解することが難しく、また話を聞くときの注意の集中が持続しにくいこともあります。従って、２つ以上の指示や複雑な指示を聞き取ることが困難です。話し言葉中心の授業内容が聞き取れない、少し複雑な会話になると理解困難になるなどがみられます。

●話すことの難しさがある場合：事柄や順序を整理して話すことや、自分の経験を説明することが苦手です。（いつ、だれが、どこで、なにを、どうした、などの文脈構成上の基本的な要素が欠落するなど、人にわかるように話せません。）

●読むことの難しさがある場合：文字、単語や文を読んで正確に把握し、意味を理解すること、声に出して読むこと、読んでいる箇所を把握していること（行を読み違えない）が難しく、しばしば字を綴《つづ》ることの困難さを伴います。

●書くことに難しさがある場合：字を読んで理解できるのに、書字能力が劣っています。すなわち、ひらがな・

カタカナ・漢字が、左右・上下に反転したり、漢字の誤字が多かったり、文章を考えて書くことが苦手であったりします。

●計算や推論の難しさ：算数障害では、数の概念が身につかず、数系列の規則性を把握することなどが困難です。数にかかわる問題を論理的に解決する力が乏しい、図形の特徴がつかめない、時計、単位が理解しにくい場合もあります。そのほか、地図を理解できない、方向がつかめないなど、さまざまな推論が困難な場合があります。

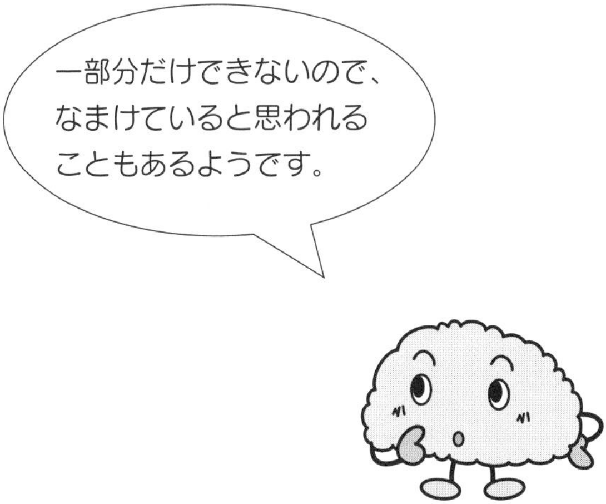
一部分だけできないので、
なまけていると思われる
こともあるようです。

言語性ＬＤ、非言語性ＬＤと大別した表現もありますが、特定の能力の低さが判明していれば、そのように大別して表現はせず、さらに分析して、苦手な部分（たとえば、書字あるいは計算など）を特定できればその原因となっている能力の障害（視知覚障害など）を診断することがよい対応につながるとされ、言語性ＬＤ、非言語性ＬＤといった表現を用いることは少なくなりました。また非言語性ＬＤとされていた子どもの多くが広汎《はん》性発達障害であったとの指摘もあり、診断は慎重にしなければなりません。

しかし、子どもの中には、広汎性発達障害でなくとも、非言語性能力が全般的に低く、日常生活に支障を来しているものもあり、その理解が必要なこともあります。さらにどのような発達障害があったとしても、言語性能力が低いタイプか、非言語性能力が低いタイプか、それとも差がないのかを認識することは、適切なかかわり方を考える時に必要と思われ、子どもとかかわる現場では、このような表現も有用と思われます。

基本的なLDの対応

ＬＤを疑ったものへの基本的な対応は前述の事柄を踏まえた対応となります。すなわち、心理発達を客観的に評価、得意なところと苦手なところをしっかり把握し（得意なところを把握することも重要）、子どもの状況を理解します。まずは、子どもにあった環境を作り、子どもの情緒の安定を図ることが大切です。その上で、得意な部分は自信につなげ、苦手な部分では、子どもなりの努力を認めるとともに、子どもにあった指導を考えます。得意な部分で苦手な部分をカバーすることを考えていくことも必要で、自信や意欲を失わないような配慮が重要です。

多くの場合、学習指導とともに、ソーシャルスキルトレーニングおよび心理指導を必要とします。注意欠陥多動性障害、発達性協調運動障害、あるいはアスペルガー障害などの自閉症スペクトラム障害の合併があれば、それに応じた対応も必要となります。

主なＬＤの症状への対応

●聞くことに難しさがある場合：聞き取りやすく言葉を区切る、できるだけ簡単な文にするなど、わかりやすく話します。言葉だけでなく写真やカードなどを用い、視覚的な情報も合わせて提示することも良いでしょう。注意が集中できる環境も必要です。

●話すことの難しさがある場合：まずは、子どもが話すのをゆっくり待ち、話したことは否定しません。言葉が不足しているときは、補足し、正しい表現を伝えます。プレッシャーをかけないよう配慮しながら、「いつ、だれが、どこで、なにを、どうした」など、文の基本的な要素を入れた話の練習をします。実際の動作や絵カードを用いた、動作語などの学習も有効です。

●読むことの難しさがある場合：テキストを読ませる際には、できるだけ大きな字や、行間をあけた文が良いでしょう。文字、単語や文を声に出して読ませます。読んでいる箇所を把握しにくい場合は指差ししながら読ませます。読むものについては、興味があること、好きなことやものを題材にしているものが良いでしょう。

●書くことに難しさがある場合：ほめつつ、書くことが楽しくなるような工夫をしながら、字の練習をします。

まずは、お手本を見ながら書く、大きめのマス目のあるノートを使うなど、書きやすい工夫をします。筆順をしっかり教えた方が良いことが多いです。字を書くことの苦手さが目立つ場合、書く負担を少なくするためにパソコンなどの利用をすすめることもあります。文を書かせる場合も、書いたものは否定せず、補足したり、正しい表現を教えたりします。書くことについても、興味あるテーマを選ぶと良いでしょう。

●計算や推論の難しさ：まずは、どこまで理解できているか、何がわからないのかをしっかりと把握し、順を追って、繰り返し教えることが必要です。この時、苦手意識を増やさないよう、ほめながら達成感を持たせつつ、教えることが大切です。

教えることも必要ですが、苦手なところを理解して、子どもにわかりやすい環境を整えたり、苦手なところをカバーする方法を考えたりすることも必要です。たとえば、計算の苦手さが目立つものに対しては、その負担を減らすため、計算機の利用をすすめても良いでしょう。

あの人もそうかも

一芸に秀でている人の中には、発達障害だったのではないかといわれる人がいます。

アガサ・クリスティ

ミステリーの女王

イギリスの推理作家、ミステリーの女王。最初の結婚後、看護婦として働いた時の薬の知識を執筆に生かしました。正規の学校教育はほとんど受けていませんが、生涯で100以上の作品を発表し、世界中で親しまれています。

第4章

発達障害 まとめ

まとめ

主な発達障害の分類

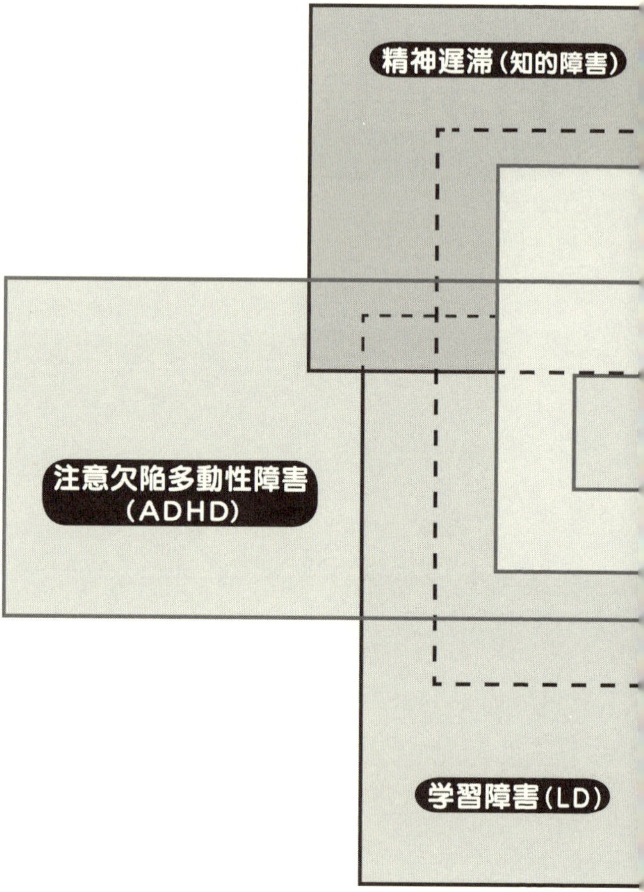
精神遅滞（知的障害）
注意欠陥多動性障害
（ADHD）
学習障害（LD）

参考資料：『多動な子どもへの教育・指導』　石崎朝世　監修・著　明石書店　2001年

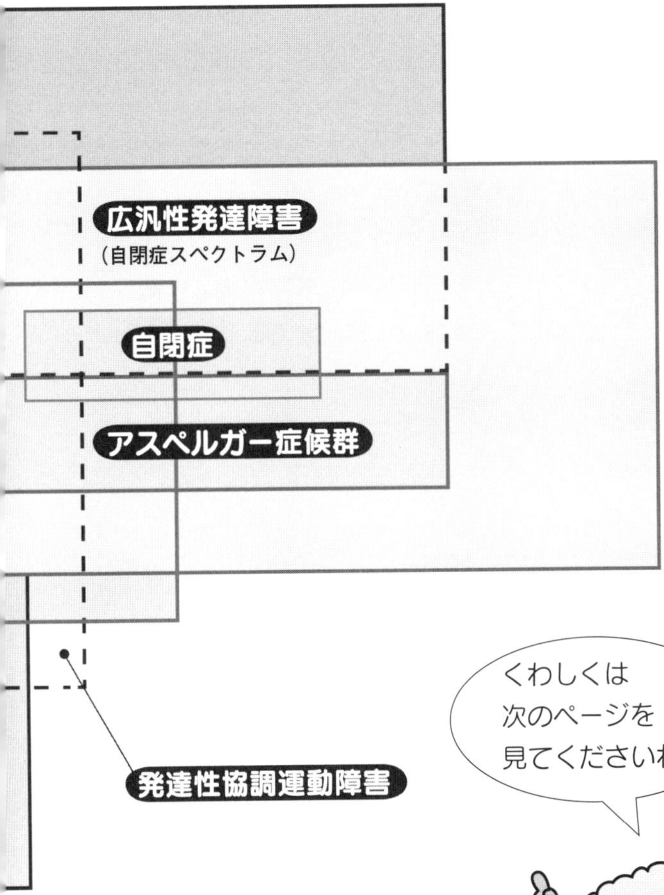
広汎性発達障害
(自閉症スペクトラム)
自閉症
アスペルガー症候群
発達性協調運動障害

くわしくは
次のページを
見てくださいね。

まとめ

●精神遅滞（知的障害）

話す力やことばの理解、形を認識する力や状況を理解する力などの知的な能力が、年齢に比して全般的に低いレベルにあり、社会生活をしていくうえで理解と支援が必要な状態です。

●広汎《はん》性発達障害（自閉症スペクトラム）

①対人関係が薄くて社会性の発達が悪い　②コミュニケーションの障害がある　③想像力の障害が根底にあって、興味・活動が限られ、強いこだわりがある。反復的な行動がみられることがある、という特徴を3歳以前から持っています。自閉症、アスペルガー症候群を含みます（P.60参照）。

●注意欠陥多動性障害（ADHD）

年齢あるいはその子どもの精神発達レベルで考えられる以上に動き回る、体のどこかを動かさずにはいられない様子や、そのほか、衝動性が目立ったり、注意集中困難があります。

●学習障害（LD）

全般的な知的発達の遅れはないが、聞く、話す、読む、書く、計算する、または推論する能力の習慣と使用に著しい困難を示すものです。

●発達性協調運動障害

手足の麻ひはないけれど、動きの協調が必要な動作が苦手、すなわち、著しく不器用です。ハイハイや歩き方にぎこちなさ、バランスの悪さなどがあって、日常動作が学業に支障を来す場合で、スポーツが苦手、作業が遅い、書字が苦手なことなどで明らかになります。

発達障害はさまざまな症状が重複していることが少なくないんですね。

発達障害　Q＆A

Q１：発達障害と軽度発達障害の違いは？

A１：発達障害は、生まれつき、あるいは、子どもの発達過程の早い時期（幼児期）までに、様々な原因によって生じた、種々の能力の発達の遅れやゆがみがある状態のことです。ただし、その遅れやゆがみが、日常生活に明らかな支障を来すほどでなければ障害とはいいません。どのような障害かというと、精神発達の面では、精神遅滞（知的障害）、広汎《はん》性発達障害（自閉症スペクトラム）、注意欠陥多動性障害、学習障害、運動発達の面では、様々なタイプの脳性麻ひがあります。もっと広く、視力、聴力の障害までを含んで発達障害とする場合もあります。障害はしばしば重複しています。一般には、小児科の医師は、精神発達と運動発達の障害を含んで発達障害といい、精神科の医師は、精神発達の障害のみを発達障害といっています。その中で、いわゆる軽度発達障害といわれるものは、精神発達障害のうち、精神遅滞（知的障害）のないものをいいます。平成17年4月から、いままで、支援する法がなかった軽度発達障害を支援する法律「発達障害者支援法」が施行されましたが、ここで規定される発達障害は、この軽度発達障害のこととなります。

Ｑ２：高機能自閉症とアスペルガー症候群の違いは？

Ａ２： 自閉症、アスペルガー症候群を含む広汎性発達障害は、対人関係の障害（共感性の乏しさ）、コミュニケーションの障害、興味の幅の狭さやこだわり、想像力の障害（見通しの立てにくさ）を特徴とする障害です。この中で、これらの特徴が３歳以前からしっかり認められるものが自閉症とされ、さらに、精神遅滞（知的障害）を伴っていないものを高機能自閉症といいます。多くの場合、言葉の発達は遅れています。一方、アスペルガー症候群は、言葉の発達に遅れはなく（３歳までには２語文を話す）、また、認知の発達（知的能力）、年齢に応じた自己管理能力、対人関係以外の適応能力、小児期の環境への好奇心には明らかな遅れはない、と定義されます。すなわち、対人関係障害以外の問題は比較的軽いといえます。

まとめ

Ｑ３：診断の基準は？

Ａ３：一般的には、アメリカ精神医学会による精神疾患の分類（DSM-Ⅳ）、あるいは世界保健機関による疾病分類（ICD-10）の診断基準を用いて診断するとされます。しかし、実際、数多くの子どもたちを診てきた専門家たちは、いちいち診断基準と照らし合わせるということはしないと思います。広汎《はん》性発達障害ならＱ２の答えにある特徴に合致するかどうか、注意欠陥多動性障害なら、多動、衝動性、注意集中困難といった特徴的な症状と、記憶したり、思い浮かべて考える、あるいは思い浮かべて話すなどの実行機能といわれる能力が障害されていないか、といったことを、今までの経過を聞いたり、子どもの様子を見たり、子どもと遊んだりして検討します。精神遅滞（知的障害）も、そのような診察で見当はつけられますが、しっかりと状況を把握するには、発達検査が必要と思います。学習障害は、学校での学習の様子を聞いたり、診察室で字を書いてもらったり、簡単な計算をしてもらったりすることなどで見当をつけることもありますが、診断には、認知のアンバランスをみる心理発達テストや学習能力テストの施行が必要なことが多いのです。

注意が必要なことに、子どもは発達し変化するということがあります。比較的重度といえる精神遅滞（知的障害）や自閉症は３歳くらいで診断できますが、比較的軽度といえる精神遅滞（知的障害）や自閉症、自閉症以外の広汎性発達障害、注意欠陥多動性障害、学習障害は、幼児期には診断できないことも多いのです。種々の能力の発達がゆっくりで、就学のころ、あるいは小学校１、２年でやっと追いつく子どももいます。とくに学習障害は本格的な学習が進む小学校２、３年で診断されることが多いと思います。

さまざまな個人差を配慮
した診断がなされている
のですね。

Ｑ４：まずはどこに相談すればいいの？

Ａ４：家庭内で言いますと、子どもの発達が心配になったら、まずは一人で抱え込まずにご家族の中で話してみる、また、よくお子さんを見ているおじいさん、おばあさんがそばにいらっしゃったら、相談してみてもよいと思います。そして、幼稚園、保育園、小学校の先生にも様子を聞いたり、相談することもよいのではないでしょうか。

それ以外では、幼児期なら、一般の小児科、保健所、児童相談所、学童期では、一般の小児科、教育相談所、児童相談所、さらに専門家への相談が必要と感じたら、発達障害を専門的に診ることができる小児神経科や児童精神科の医師への相談をおすすめします。ただし、発達障害を専門的に診る医師や詳細な発達検査ができる機関は比較的限られています。診察の予約が取りにくいことも多いのです。まずは、前述したように、ほかのご家族、地域の相談機関にご相談なさったらよいかと思います。自治体で相談窓口を持っているところもあります。お母さんだけであるいはご両親だけで悩まないことが大切です。ご両親の不安な様子はお子さんの精神面にも良い影響は与えません。

養護教諭を始めとする学校の先生方は、そうした保護者の方が相談しやすい対象の一人ではないでしょうか。まずは、よく話を聞いていただいて、学校内での環境を整えることにご協力いただくとともに、前述のような他の機関への橋渡し役になっていただければと思います。ともに、一人ひとりのお子さんなりの発達を信じて、より良い環境づくりを考えていくと良いのではないかと思います。

まずは、身近な人に気軽に相談できることが大切ですね。自分一人で考えているより、誰かに話すだけで少し気が楽になるものですよね。

第5章

サポートのために
～ 発達障害の人の世界 ～

発達障害の人には世界は
どのように見えているの
でしょうか？
サポートのキーワードは
「構造化」です。

あなたがもしも
言葉の通じない国に
ひとりぼっちで
置き去りにされたら…

人が言っていることも
わからず…

表示を見てもわからない

そんな時に
頼りになるのは…？

通訳！

ですね

コミュニケーションの仲介をしてくれたり…

言葉の意味を教えてくれたり…

発達障害の人たちが
困っている状況も
これと似ているかも…

まわりにいる人が
通訳になってあげられれば
彼らもまわりも
うんと楽になるでしょう

普通、人は
まわりにあふれる音から
自分に必要な音を
ピックアップして聞いたり

自分に必要な情報を
ピックアップして見ています

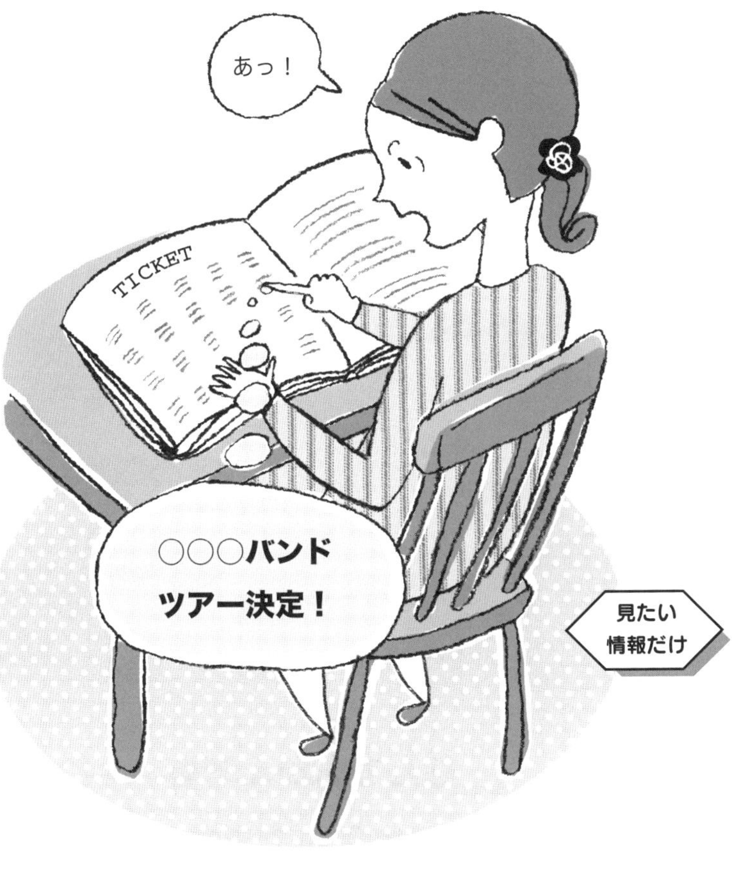
あっ！
TICKET
○○○バンド
ツアー決定！
見たい
情報だけ

でも、自分に必要な情報を

ピックアップしたり、

結びつけるのが苦手で、

なんでもかんでも

情報が頭に流れこんできたとしたら…

※ちなみにこれは、ADHDの傾向です。これとは反対に自閉症の場合は、1つの情報だけに執着してしまう傾向があることもあります。

たくさんの情報の中から

自分に大切なものを

取り出し組み合わせて

一つの世界をつくることができず、

頭の中でバラバラに存在していたら

それはとてもしんどいことだと

思いませんか？

発達障害の人は

そんな苦しみを抱えていることが

少なくありません

こうした環境を
その人にとって意味を把握しやすい
かたち（構造）にしていくことを
構造化といいます

偶然、例外、突発的なできごとで
変化の連続の世界を
変更の少ない安定したものにできれば

この順番で
覚えましょう
1
2
3
4
はい

本人もまわりも楽になれるのです

それでは

学校、家庭、いろんなところで

応用できそうな

構造化のヒントをご紹介します

第6章

サポートのために

～ 構造化のヒント ～

症状には個人差があるので、まとめて言えないこともありますが、一人ひとりのサポートのためにおおまかなヒントをご紹介します。

構造化のポイント

ルーティンの固定！
（毎日やること）

人が毎日やることのほとんどは、決まった動作の繰り返しです（その中で様々なことが起こり、臨機応変な対応を要求されるわけですが）、その毎日の決まった動作を、できるだけ固定してしまいます。そうすれば、いちいち迷わずにすべきことをできるようになります。

国語の授業で
「自由な題で作文を書いていいですよ」と言われて、何を書いていいか困ったことがある人は少なくないのではないでしょうか。発達障害の人たちはこれが苦手なことが多いのです。

構造化のポイントは、迷わないでいいようにできるだけシンプルにすることです。

構造化のキーワード

① ○×

やっていいことと悪いことを「○×」で表示するとわかりやすくなります。

② 図解

発達障害の人は、耳で聞くより目で見る方が得意なことが多いので、できるだけ図にします（症状には個人差があります）。

③ 見通し

今日がどのような予定になっているのか、どこまでやれば今の作業が終わるのかをはっきりさせると、気持ちが安定するのを助けます。

次のページから
それぞれの例を
ご紹介します

例　○×

水道の出し方

例　○×

使っていいものダメなもの

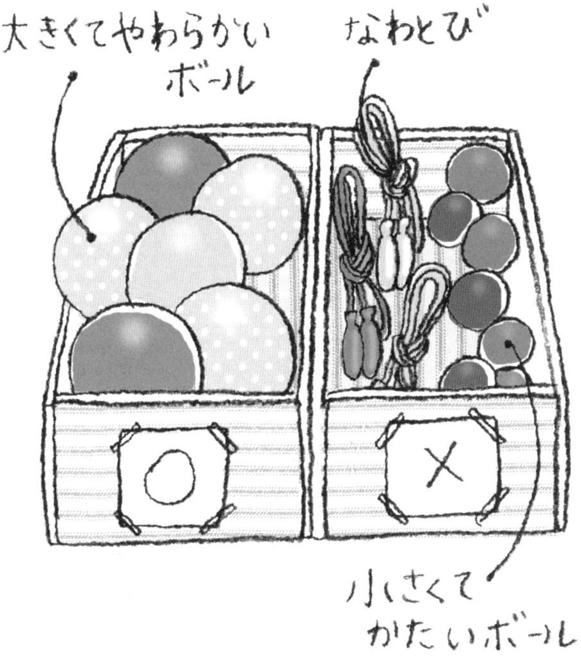
大きくてやわらかいボール
なわとび
○
×
小さくてかたいボール

例　見通し

朝起きてからやること

朝《あさ》起《お》きてからやること
①歯《は》をみがきます
②顔《かお》を洗《あら》います
③服《ふく》を着《き》がえます

例　見通し

そうじでやること

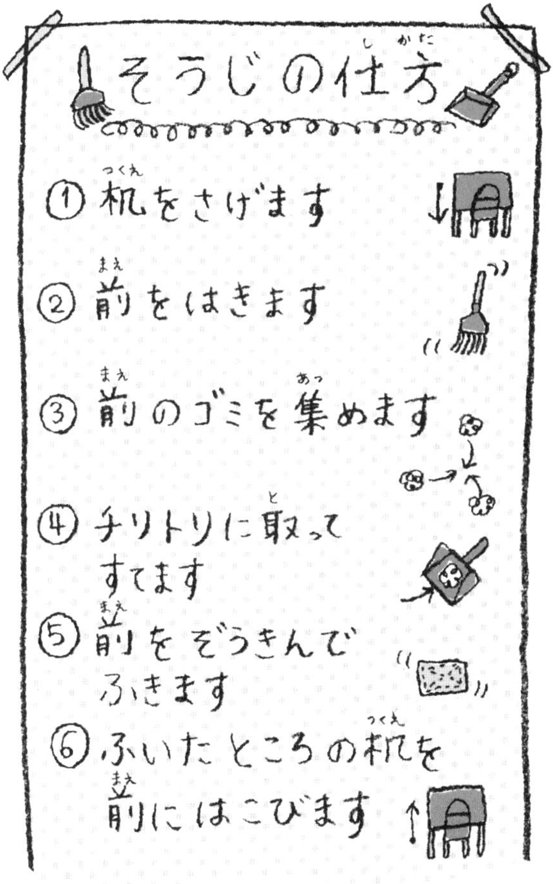

そうじの仕《し》方《かた》
① 机《つくえ》をさげます
② 前《まえ》をはきます
③ 前《まえ》のゴミを集《あつ》めます
④ チリトリに取《と》って
すてます
⑤ 前《まえ》をぞうきんで
ふきます
⑥ ふいたところの机《つくえ》を
前《まえ》にはこびます

例　図解

かたづけ方を図に

例　図解

ルールを図に

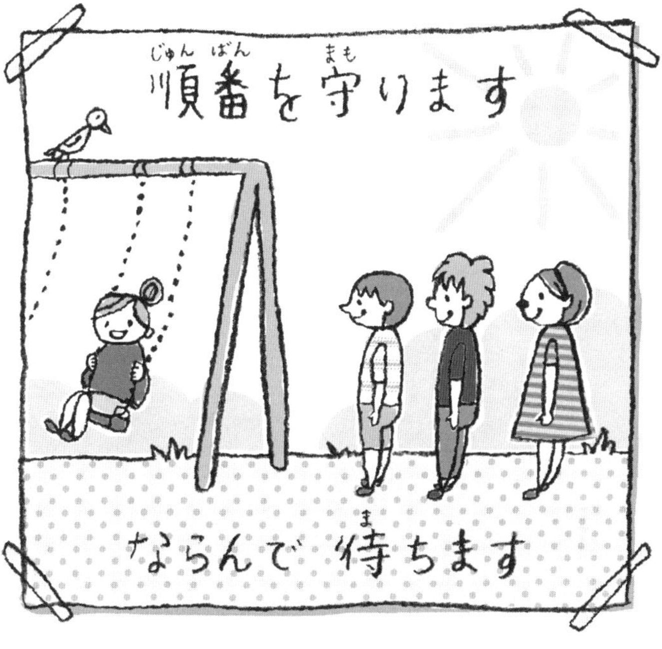
順番《じゅんばん》を守《まも》ります
ならんで 待《ま》ちます

その他のヒント

★コーナー作り

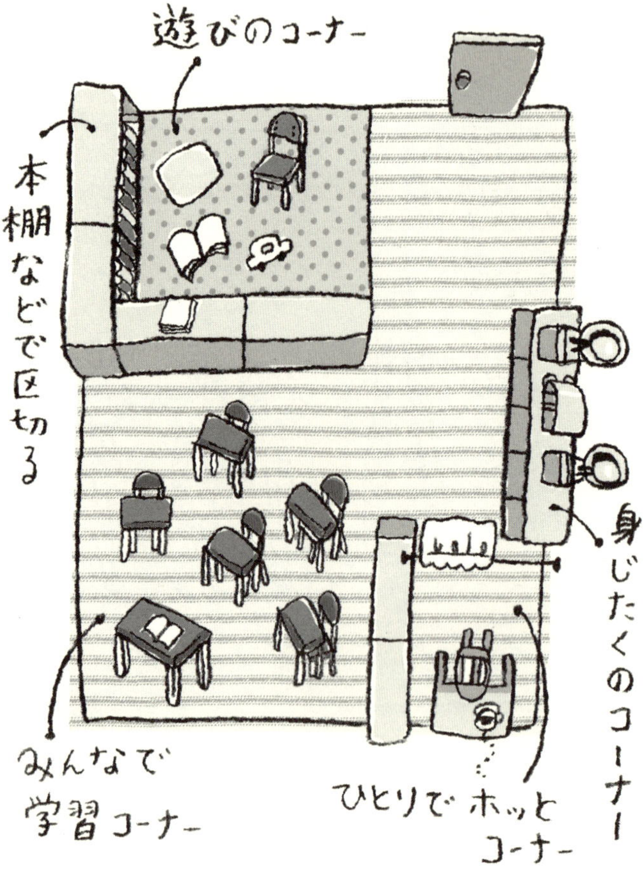
遊びのコーナー
本棚などで区切る
身じたくのコーナー
みんなで学習コーナー
ひとりでホッとコーナー

その他のヒント

★動線を作る

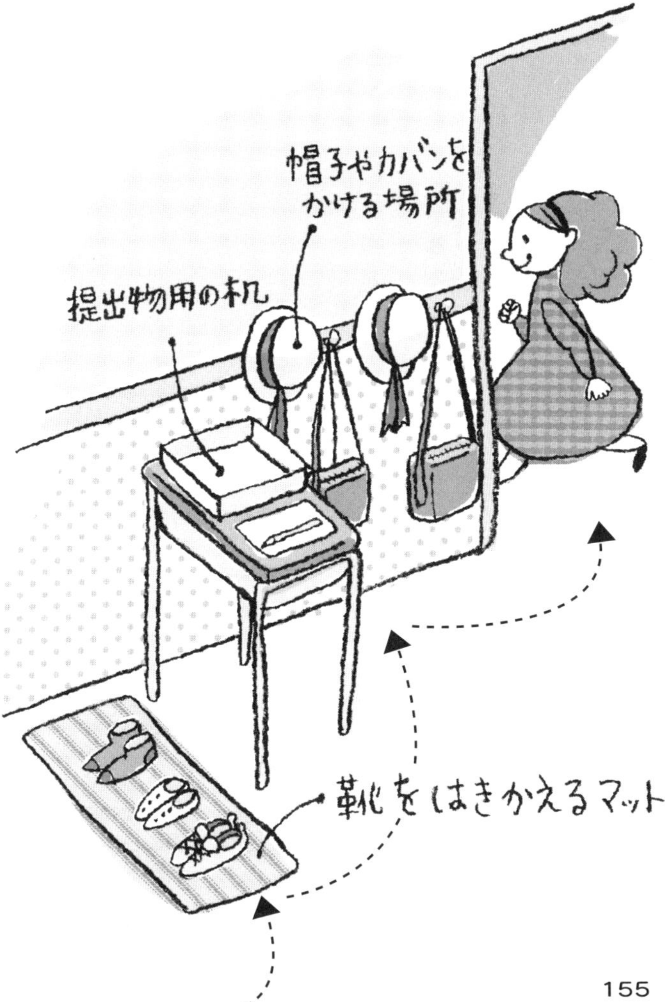
帽子やカバンを
かける場所
提出物用の机
靴をはきかえるマット

その他のヒント

★刺激を少なく

窓から遠い前の席

その他のヒント

★注目させる合図

キャラクターを使ったマーク

ハイ！
注目マーク！
みんなが好きな
キャラクターに
してもいいですね。

その他のヒント

★固定する

置き場所を固定する

その他のヒント

★ルールを作る

発言《はつげん》する時《とき》のルール
①手《て》をあげて
指《さ》されてから
話《はな》します。
ハイ!
②人《ひと》が話《はな》して
いる時《とき》は
だまっています。

その他のヒント

★コミュニケーションカード

気持ちを表現するのを助けます

ありがとう
ごはん
ごめんなさい
トイレ
いやです
暑い

★使い方

★カードはまとめてカード入れに入れておいたり、穴を開けてひもを通して腰などに下げられるようにしても良いです。

★ラミネートでカバーすると耐久性アップ！

★子どもの必要に応じて作ってあげると良いでしょう。

さまざまな構造化のヒントをあげてきましたが、この通りにやればうまくいくというものでもないのです（「詐欺！」なんて言わないでくださいね）。コミュニケーションは、どこまでも人間対人間の間で行われるものです。そこにはいろいろな関係性があります。

長年連れそった夫婦は、「あれ」「これ」「それ」で話が通じるようになるといいますよね（時代が違いますか？）。発達障害を持つ人たちも、まわりのサポートがうまくなってきて、お互いの意思の疎通がうまくいくようになると、まどろっこしいこと抜きでいけるようにもなるのです。

また、ここに書いてあることはほんの一例で、実際にはもっとこまやかなケアが必要なこともあります。その関係性によって変化するものなのです。マニュアル通りではなく、それぞれの関係性を育てていっていただければと思います。

第７章
特別支援教育のめざすもの

教育現場では、2007年に発達障害の子どもたちへのサポートを中心とした特別支援教育がスタートしました。
この特別支援教育のねらいと実践例を紹介します。

特別支援教育のねらいＱ＆Ａ

Q. 特別支援教育とは何でしょう？

A. 特別支援教育とは、障害のある子どもたちが自立し、社会参加するために必要な力を培うため、子ども一人ひとりの教育的ニーズを把握し、その可能性を最大限にし、生活や学習上の困難を改善または克服するため、適切な指導及び必要な支援を行うものです。

つまり、子どもの可能性を最大限に伸ばすことを目指す教育のことです。

Q. 実際、学校ではどのように行われるのでしょうか？

A. 幼稚園を含めた小学校・中学校などの学校と、特別支援学校（盲学校や養護学校など）とが、それぞれの支援を行いながら、連携もしていくことになります。

○幼稚園・小学校・中学校・高等学校・中等教育学校では

通常の学級も含め、学校全体で特別支援教育を行います。通常の学級に在籍している障害のある子どもにも、障害に配慮し、指導内容・方法を工夫した学習活動を行います。小中学校には、「特別支援学級」や「通級による指導」の制度もあり、個々の子どものニーズに応じた教育が行われています。各学校においては、特別支援教育を推進するために校内支援の体制を整備しています。

また、校内委員会の設置（発達障害を含む障害のある幼児児童生徒の実態把握や、支援方策の検討を行います）、特別支援教育コーディネーターの指名（校内委員会・校内研修の企画・運営、関係諸機関・学校との連絡・調整、保護者からの相談窓口などの役割を担います）、関係機関との連携を図った「個別の教育支援計画」の策定と活用、「個別の指導計画」の作成、教員の専門性の向上の取り組みなども行います。

◯特別支援学校では

専門性を生かした特別支援教育を行います。

子ども一人ひとりの障害に配慮した施設環境の中で、専門性の高い教員が少人数の学級で指導を行います。小中学校などに準ずる教育を行うとともに、障害による学習上または生活上の困難を改善・克服するための特別な指導領域「自立活動」など、障害の状態に応じて、弾力的な教育課程が編成できるようになっています。

また、特別支援学校には特別支援教育のさらなる推進のために、地域における特別支援教育のセンター的機能を果たす役割があります（幼稚園・小中学校・高校および中等教育学校の要請に応じて、発達障害を含む障害のある幼児児童生徒のための個別の指導計画の作成や、個別の教育支援計画の策定などの援助、支援を行います）。

Q. 特殊教育と特別支援教育では何が違うのですか？

A. 特別支援教育は、今まで特殊教育の対象であった視覚障害、聴覚障害、知的障害、肢体不自由、病弱・虚弱、言語障害、情緒障害に、新たに発達障害（ＬＤ・ＡＤＨＤ・高機能自閉症等）を加えました。

この発達障害の児童生徒は、通常の学級に6.3％程度在籍するという調査結果が平成14年に文部科学省より出されました。発達障害児に対し、幼児段階から学齢期、就労期まで一貫した形での支援に取り組む体制作りが、各自治体等でなされてきています。

Q. 特別支援教育がめざしているものは？

A. 特別支援教育は、障害のある子どもたちへの教育のみにとどまらず、多様な個人が能力を発揮しつつ、自立して共に社会に参加し、支え合う「共生社会」の形成の基盤となるものであり、我が国の現在及び将来の社会にとって重要な意味を持っています。

また、特別支援教育は、現在学校教育が抱えている、いじめ、不登校など様々な課題の解決に大いに寄与するものと考えます。学校教育全体で、常に幼児児童生徒一人ひとりの教育的ニーズを把握し、それに対応した指導を行うという考え方が学校全体に浸透することにより、障害の有無にかかわらず、学校における幼児児童生徒の確かな学力の向上や豊かな心の育成にも寄与することができると考えられます。

特別支援教育は、制度はスタートしたといっても、中身はこれから充実させていくというのが現状ではないかと思います。

これまでの特殊教育は大きな成果をあげてきましたが、ある意味、障害児と健常児の間に壁ができた側面もあったかもしれません。

しかし、特別支援教育では、障害児と健常児の間に存在するともいえる発達障害を持つ子どもたちへのサポートをしていくことで、この壁を低くしていくことができるのではないでしょうか。

障害者が社会から隔離された時代から、共生の時代、ノーマライゼーションの時代への大きな転換点にもしていけるものではないかと思います。

ターニングポイントに
なるかもしれませんね。

〈特別支援教育の体制〉

幼稚園・小学校・中学校・高等学校・中等教育学校

学校全体で支援…校内支援体制

校内委員会・特別支援教育コーディネーター・個別の指導計画

通常の学級

少人数指導や習熟度別指導などによる授業も行います。支援員が付く場合もあります。

通級による指導

通常の学級に在籍し、ほとんどの授業を通常の学級で受けながら、障害の状態に応じた特別な指導を週1～8単位時間特別な指導の場で行います。

交流及び共同学習

特別支援学級

障害の種別ごとの少人数学級で、障害のある子ども一人一人に応じた教育を行います。

パンフレット特別支援教育（文部科学省特別支援教育課作成・2007）を参考に作成

連携
教育
医療
保健
福祉
労働
NPO、親の会
連携
特別支援学校
専門性を生かした特別支援教育
一人一人に応じた指導
専門性の高いスタッフ
充実した施設
就労・進学などの
サポート
教育相談・巡回指導
様々な支援体制

各学校はさまざまな関係機関とネットワークを作って、子どもの成長に応じて一貫した支援を行います。

特別支援教育キーワード

特別支援学校とは

障害のある幼児・児童・生徒一人ひとりの教育的ニーズに応じて、適切な指導及び必要な支援を行う特別支援教育を進めていく上で、また、障害の重度・重複化に対応するため、これまで障害種別に設けられていた盲学校・聾《ろう》学校・養護学校が、障害種別を超えた「特別支援学校」に改められました。特別支援学校はこれまでの盲学校・聾学校・養護学校と同様に、幼稚園・小学校・中学校及び高等学校と原則として同一の教育を行うとともに、障害に基づく学習上や生活上の様々な困難を改善・克服し自立を図るために、必要な知識、技能、態度を育成するための教育を行います。

特別支援学級とは

これまでの特殊学級の名称が改められたもので、比較的軽度の障害のある児童生徒の教育のため、小学校、中学校に置かれます。対象となる障害は、知的障害、肢体不自由、病弱・身体虚弱、弱視、難聴、自閉症・情緒障害、言語障害です。

通級による指導とは

通級による指導とは、小学校、中学校の通常の学級に在籍する軽度の障害のある児童生徒に対して、各教科等の指導は主として通常の学級で行いつつ、障害に応じて指導を特別の場で行うものです。対象となる障害は、言語障害、情緒障害、弱視、難聴、肢体不自由、病弱・身体虚弱・自閉症、LD（学習障害）、ADHD（注意欠陥多動性障害）です。

発達障害者支援法

平成17年4月に「発達障害者支援法」が施行されました。これは、これまでの既存の障害福祉制度の谷間に置かれ、その気づきや対応が遅れがちであった自閉症・アスペルガー症候群、LD（学習障害）、ADHD（注意欠陥多動性障害）などを「発達障害」と総称して、それぞれの障害特性やライフステージに応じた支援を国・自治体・国民の責務とした法律です。

発達障害者支援法の主な内容

・発達障害の定義
・ライフステージを通した一貫した支援（次頁参照）
・関係機関の連携
・理解の促進
・専門家の養成等

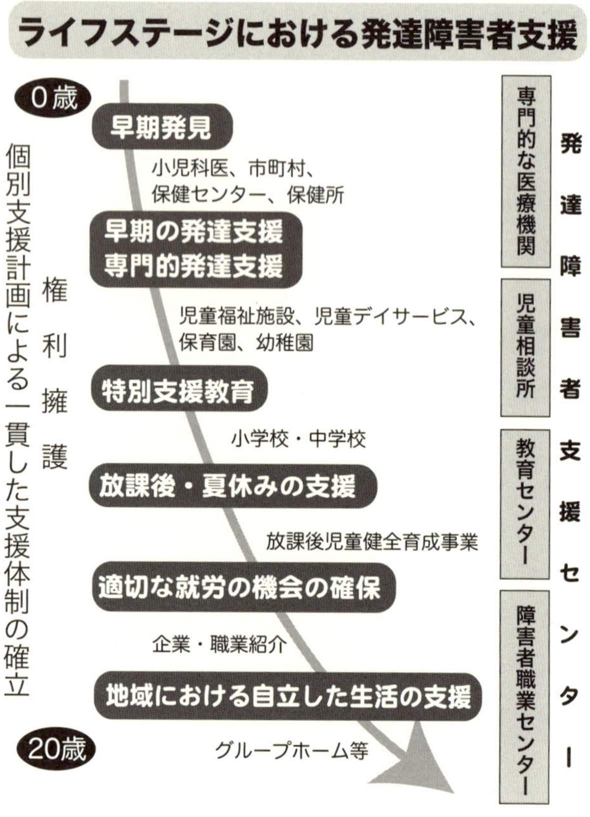
ライフステージにおける発達障害者支援
0歳
早期発見
小児科医、市町村、
保健センター、保健所
早期の発達支援
専門的発達支援
児童福祉施設、児童デイサービス、
保育園、幼稚園
特別支援教育
小学校・中学校
放課後・夏休みの支援
放課後児童健全育成事業
適切な就労の機会の確保
企業・職業紹介
地域における自立した生活の支援
20歳
グループホーム等
個別支援計画による一貫した支援体制の確立
権利擁護
専門的な医療機関
児童相談所
教育センター
障害者職業センター
発達障害者支援センター

図1　ライフステージにおける発達障害者支援

次は市全体で特別支援教育
に取り組む、滋賀県湖南市
の実践例をご紹介します。

障害のある人への生涯にわたる一貫した支援体制の構築

- 滋賀県湖南市・発達支援システム -

湖南市は、平成 14 年旧甲西町（合併後湖南市となる）の時、発達支援システムを構築しました。障害のある子を持つ親の会の願いから、このシステムは作られていきました。平成 18 年 6 月には、「障がいのある人が地域でいきいきと生活できるための自立支援に関する湖南市条例」を制定しました。これは、行政や市民、事業者等が障害のある人の自立と、いきいきと安心して生活できる地域社会の実現に取り組む姿勢を示したものです（P.182 参照）。

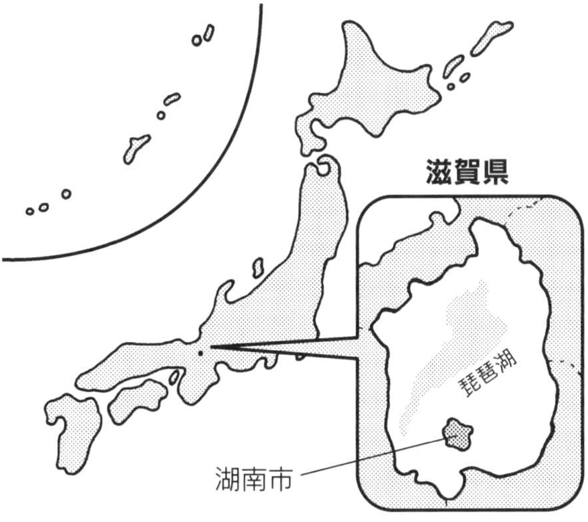

１．湖南市発達支援システム

このシステムは、教育・福祉・保健・就労・医療の関係機関の横の連携によるサービスと、個別指導計画・個別移行計画による縦の連携によるサービスを提供するものです。支援の統括機関である発達支援室を役所内健康福祉部に設置、支援の専門の場としてＡ小学校内に発達支援センターを開所し実行に移していきました。

湖南市条例の中では、市の責務として、保健・福祉・医療・教育及び就労の関係機関との連携により、障害者及び発達に支援の必要な児童生徒に対し、その発達段階、年齢、生活状況及び社会環境に応じて、必要な支援を総合的に提供する仕組み（湖南市発達支援システムという）を構築し、その円滑な運営に努めるものとしています。ライフステージにおける発達支援を図２に示します。

役所に設置した発達支援室にすべての情報が集約するシステムを作ったのですね。

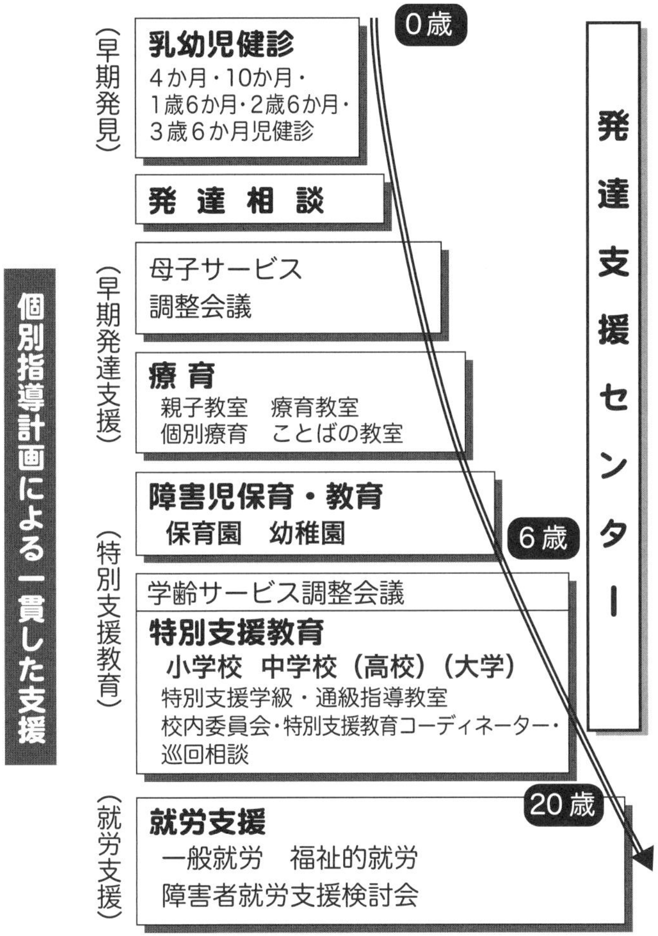
個別指導計画による一貫した支援
(早期発見)
(早期発達支援)
(特別支援教育)
(就労支援)
0歳
乳幼児健診
4か月・10か月・
1歳6か月・2歳6か月・
3歳6か月児健診
発 達 相 談
母子サービス
調整会議
療 育
親子教室　療育教室
個別療育　ことばの教室
障害児保育・教育
保育園　幼稚園
6歳
学齢サービス調整会議
特別支援教育
小学校　中学校（高校）（大学）
特別支援学級・通級指導教室
校内委員会・特別支援教育コーディネーター・
巡回相談
20歳
就労支援
一般就労　福祉的就労
障害者就労支援検討会
発達支援センター

図2 湖南市のライフステージにおける発達支援

（1）早期発見と早期発達支援

乳幼児健診により障害を発見し、心理職による発達相談を実施します。その結果を受け、母子サービス調整会議（保健師、発達相談員、療育担当者、幼児ことばの教室担当者、発達支援室等）で検討し、医療や療育機関での支援を進めます。療育教室やことばの教室では、個別指導計画を作成し専門家による発達支援を、保育園・幼稚園においては障害児担当加配保育士を配置し、個別指導計画を作成・活用しながら発達支援を行います。各園には専門家が定期的に巡回し、保育士等へのアドバイスや個別指導計画に関する援助を行っています。

（2）学齢期における発達支援

学齢期の発達支援は特別支援教育です。市内すべての小中学校に校内委員会を設置し、特別支援教育コーディネーターを指名しています。発達障害の専門家である巡回相談員が、定期的に学校を巡回するシステムが定着しました。この仕組みは文部科学省が推進する特別支援教育体制であり、湖南市では発達支援システムとして位置付けているのです。

就学前より個別指導計画による支援を実施している事例は、教育委員会指導主事を中心に療育機関と保育園・幼稚園と小学校が引き継ぎを行います。その窓口は特別支援教育コーディネーターであり、外部の専門機関や行政機関との連絡調整をしています。

学校では、子どもの状態を教員同士が絶えず共有する仕組みから支援を行っています。巡回相談員による心理アセスメントによる把握、複数教員による子どもの行動や学習状況の把握、学級担任による家庭状況の把握から、個々の事例の支援検討会を行います。それを受けて個別指導計画を作成し、学級経営に位置付けた上で授業の工夫や集団体制の支援を行っています。

（3）就労支援

個々の事例に対して、広域管轄の雇用支援ワーカーと発達支援室や障害福祉担当が、ハローワークや障害者職業センターを活用しながら支援をしています。福祉的就労は、湖南市・甲賀市が県事務所と共同で甲賀地域サービス調整会議（障害者通所・入所施設長、知的・身体・精神障害生活支援コーディネーター、雇用支援ワーカー、行政職員、養護学校進路担当等）の中で就労調査をし、支援しています。

平成18年度より、市は湖南市内の工業会、商工会、湖南工業団地協会、障害者通所施設、行政職員、県庁労政担当、ハローワーク障害者担当等からなる障害者就労支援検討会を立ち上げています。この検討会では、一般企業就労への可能性を検討し、具体的な一般就労支援の在り方を模索しているところです。平成20年度には、市内の工場の中で特例子会社が立ち上がりました。

2．コーディネート機能と個に応じた支援

一人ひとりのニーズに応じた支援には、その人を多面的にとらえて幾つかの支援を組み合わせていくというプロセスが必要になっていきます。個人にかかわる関係機関を調整しながら支援内容を決めていくのがコーディネーターです。

湖南市では、コーディネーター機能を考えて、ライフステージごとにコーディネーターの役割を担う担当者を決めています。就学前は保健師、学齢期は教育委員会指導主事、就労期は発達支援室担当者です（次ページ表１）。それぞれのコーディネーターは、関係機関との調整をしながら個のニーズに応じた支援体制を組み立てていくのです。つまり地域コーディネーターとしての役割を担い、保育園・幼稚園・小中学校の機関コーディネーターと連携をとりながら関係諸機関と共に支援していきます。保育園・幼稚園・小中学校等を支える（支援する）仕組みを作っていったのです。

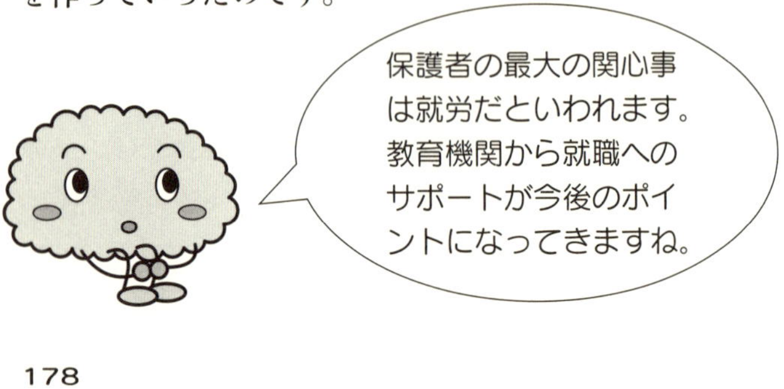
保護者の最大の関心事
は就労だといわれます。
教育機関から就職への
サポートが今後のポイ
ントになってきますね。

表1　ライフステージごとのコーディネーターと連携機関

	地域コーディネーター 担当者所属部局 担当領域	連携機関	コーディネーター
就学前	保健師 発達支援室 保健・児童福祉	保育園・幼稚園	副園長
学齢期	指導主事 教育委員会 教育	小学校・中学校 高校・養護学校	特別支援教育 コーディネーター
就労期	発達支援室担当 発達支援室 障害福祉・就労	就業・生活 支援センター ３障害※生活 支援センター	知的障害・身体障害・ 精神障害 コーディネーター 就労支援ワーカー (福祉圏域)

※知的障害、身体障害、精神障害のこと

3.一貫した発達支援のあり方

湖南市の取り組みが、すべてのライフステージにおいてうまくいっているわけではありませんが、就学前と学齢期の取り組みでは、一定の効果があったと評価できると考えています。それは、市の行政機関に統括機関を設置し、その統轄機関を中心に関係機関との連携を図ったこと、個別指導計画を作成・活用して支援に生かしたこと、その計画書を幼稚園・保育園から小学校へ、小学校から中学校への引き継ぎに活用したこと等があげられるからです。

湖南市のように園や学校を支える仕組みを構築し、園や学校に専門性のある通級教室等があれば、個別指導計画を中心に集団の中での支援と、個別での支援が相補的にかかわり、子どもの発達がより向上するものと考えられます。

今後、高校等への引き継ぎや就労支援をシステム化する取り組みがなされていくと考えられます。

図3 支援の全体図

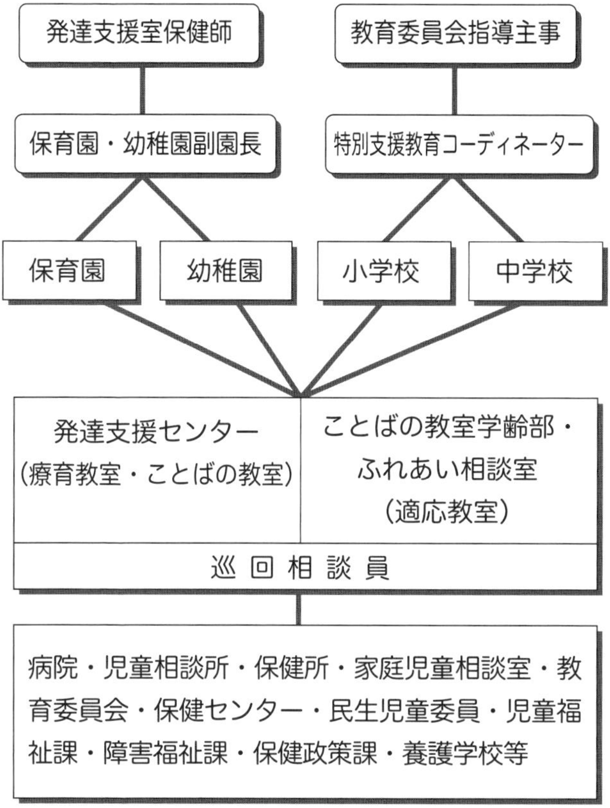
発達支援室保健師
教育委員会指導主事
保育園・幼稚園副園長
特別支援教育コーディネーター
保育園
幼稚園
小学校
中学校
発達支援センター
(療育教室・ことばの教室)
ことばの教室学齢部・
ふれあい相談室
(適応教室)
巡回相談員
病院・児童相談所・保健所・家庭児童相談室・教育委員会・保健センター・民生児童委員・児童福祉課・障害福祉課・保健政策課・養護学校等

今ある機能をリンクさせて有効に活用するとともに、新しく必要な機能をプラスしていくことが大切ですね。

平成18年6月に、湖南市は湖南市発達支援システムを市の条例として、市民や行政、当事者等の責務を明確にしました。この条例は、障害者一人ひとりの能力、適正、発達段階及び社会環境に応じた保健、福祉、医療、教育及び就労に関する施策を横断的かつ計画的に推進し、障害者の自立及び障害者がいきいきと安心して生活できる地域社会の実現に寄与することを目的としています。

「障がいのある人が地域でいきいきと生活できるための自立支援に関する湖南市条例」主な内容

- 市、市民、事業者等の責務
- 湖南市発達支援システム
- 早期発達支援、保育、教育、放課後等における支援、就労支援等、ライフステージに応じた支援
- 生活支援、権利擁護
- 人材の育成

付録

発達障害って何？

「うちの息子Ｍの日常」

アスペルガーのお子さんを
もつお母さんの手記です。

「心の健康ニュース」2007年6月号～2008年2月号までに掲載（隔月　少年写真新聞社刊）

発達障害って何？ ～うちの息子Mの日常①～

私の息子Ｍには発達障害と呼ばれている障害があります。障害と言っても、外見もしゃべっている様子も普通の子どもとまったく変わりはありません。何も説明しなければ、個性の強いマイペースな子どもという印象です。

現在、Ｍは元気に普通小学校へ通う２年生ですが、幼児期には親として戸惑う出来事がたくさんありました。

生まれてから５歳くらいまで夜泣きや夜《や》驚《きょう》がほとんど毎日あり、そのたびに飛び起きてハラハラしながら様子をうかがう、そんな日々が続きました。後でわかったことですが、昼間受けた刺激によって脳の興奮状態がおさまらず、寝ている間にうなされたり叫んだりしていたようでした。

Ｍは１年生の時、発達障害の中のアスペルガー症候群と診断されましたが、保育園に通い始めたころから発達障害の一つの特徴である好きなものへのコダワリがはっきりしてきていました。

Ｍがハマッタものその①保育園の窓から見える、とある会社のローマ字で書かれた社名ロゴ。まだひらがなも書けない時期にそのロゴを正確に紙にかきました。それも本物に忠実なゴシック体ですらすらと。そして何かにつけてそのロゴの名前をアピールし、またかきます。自転車で移動中の時にも、ロゴの見える場所へ行くようにせがみ、方向が変わり見えなくなると泣いてまたせがむ。そんな調子ですから、保育園では一時期そのロゴがブームとなり、Mを知るお友だちみんながハマルこととなりました(笑)。

その②とあるミュージシャンが出演したTV番組のビデオ。親が音楽好きということもあり、ある有名ミュージシャンがギターをかき鳴らしながら歌うシーンを完全コピー。ミニギターを抱え帽子やアクセサリーも要求、

歌はもちろんフリやセリフに至るまで、約３分間堂々と演じきります。それを繰り返すのが楽しいのか、何度も何度もビデオの再生をねだり、ほうっておいたら１時間くらい平気でやり続けるコダワリぶり。納得のいく前にご飯の時間になったりすると、プチかんしゃくを起こして大変なことに…。保育園でもブロックで器用にギターを作り、弾き語りに興じていたので、先生がたは「将来はミュージシャンね！」とほめてくださいました。

これも後からわかったことですが、何かにハマルと延々と同じことをやり続けるにはわけがあったのです。集団行動が苦手な発達障害の子どもは、園にいるだけでストレスを抱えていることが少なくありません。そんな時、好きなことに没頭し続けていると安心して心が穏やかになるのです。楽しいと鼻歌が自然に出てくるように、Ｍにとってハマっている時は鼻歌を歌うような気分になれるひとときなのです。

生活の中心は遊びで、ある程度のコダワリも個性と受け止めてもらえるゆとりがあった保育園でも、年長さんに近づくにつれて、お友だちとのトラブルが増えてきました。発達障害の子どもは、お友だちと仲良く遊びたいのに相手の気持ちを肌で感じたり、その場の空気を読んで行動することがとても苦手なのです。

　次回からは、勉強と知らないお友だちのいる未知なる世界「小学校！」へ入学したMの波乱の日々をつづっていきます。

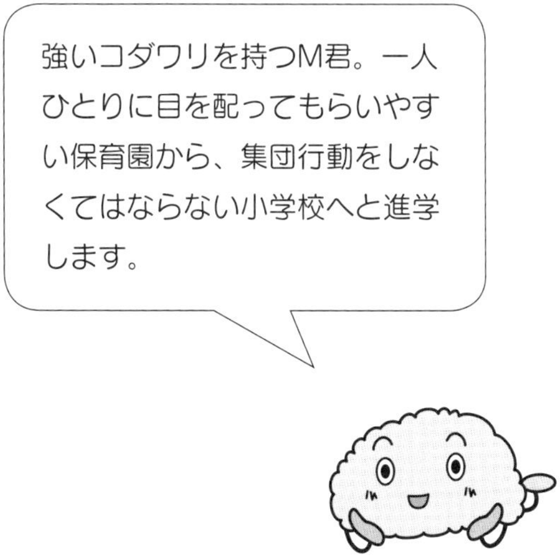
強いコダワリを持つM君。一人ひとりに目を配ってもらいやすい保育園から、集団行動をしなくてはならない小学校へと進学します。

発達障害って何？ ～うちの息子Mの日常②～

アスペルガー症候群という発達障害で、普通の子どもとは少し違った成長の仕方をするＭも、元気な小学１年生になりました。

エピソード①新入生歓迎の全校集会での出来事です。見慣れない体育館に大勢の児童たちや先生方、スピーカーを通して響いてくる大きな声と鼓笛隊の歓迎演奏。普通の１年生ならわくわくドキドキで目をきらきらと輝かせ、新しい世界に心弾ませることでしょう。でも発達障害のＭはそのどれもが苦手なのです。予測できない大きな音は、時にＭの耳には爆音のように感

じられ、ステキな演奏ですら、うわんうわんと鼓膜と心臓を刺激するような強烈な音として入ってきます。その刺激から逃げるようにしゃがみこんでしまったM。先生に注意され今度はプチパニック状態になり、その場をおろおろと動き回ってしまいました。Mはいろいろな刺激に対して必死に自分を守ろうとしていただけなのですが…。

発達障害の子どもたちは、見たり、聞いたり、触ったり、嗅《か》いだり、味わったりの感覚が、普通とは大きく違っているようです。

エピソード②普段はスウェットのパンツスタイルが定番のM。「小学生になったら、通学服はジーンズがいいな～」と、私は思っていたのですが「おなかがキツイからはきたくない！」と言い出し、いくらカッコいいからと説得しても、いやだの一点張り。実はMのこのリアクション、想定内ではあったのです。きちんとサイズにあった服でもギュッと締め付けられた感じがするらしく、Mのズボンはいつでもパンツ見せ、さながら原宿辺りを闊歩《かっぽ》する若者のよう。でも小学生がそれをやると、ただのだらしのない子になってしまいます。

ほかにも、「シャツのタグはチクチクする！」と大騒ぎするので、購入後すぐに取ります。冬は首まわりが冷えないように、「ジャケットのジッパーはちゃんと上まで閉めて」と何度言っても、Mには窮屈感があるらしく、いつでも全開。反対につるつるとしたなめらかな肌触りのものが大好きで、ぬいぐるみや毛布など一度気に入るといとおしむように大切にします。

エピソード③水が苦手！　手や顔が濡れるのを極端に嫌がり、トイレから出ても手を洗うのが嫌い、毎日ハンカチを持たせても鼻が出た時にティッシュ変わりにするだけでほとんど使いません。学校の掃除の時間も、ぞうきんを使うのが苦手です。先生やお友だちからはサボっているとしか見られず、誤解を招いてしまうことも…。水泳の時間も顔に水がかかるのが苦手なので、もぐったり泳いだりもまだできません。

ほかにも、動物を飼っている友人宅へ行った時、「この部屋なんかくさいね」と友人の目の前で言ってしまったり、以前においしいと言っていたおかずを喜ぶと思い、また出すと「前と味が違うからいらない」と食べなかったり…。

次回はこのような五感の違いもあり、授業に集中できないMの様子をお話していきます。

普通ならワクワクするようなことも、M君にはストレスのもとになったりするんですね。次は学校でのお話です。

発達障害って何？　～うちの息子Mの日常③～

多動傾向のあるアスペルガー症候群の息子Mは現在小学２年生です。学校へは毎日元気に通っていますが、勉強することに相当の違和感を持っています。まだ低学年ということも、もちろんありますが、明らかに健常の子どもと違うのは、自分にとって大切な物、ことへのコダワリが強すぎるために、勉強など別のことへの切り換えがとっても困難だということです。

エピソード①休み時間に友だちと大好きなカードゲームの話題で盛り上がり、頭の中はそのことでいっぱい！　チャイムが鳴っても気づかない、先生が「教科書を開いて」と言っても聞こえない、隣の席の友だちが肩をポンとたたいて声をかけてくれると、やっと授業が始まったことに気づく。それでもまだ夢から覚めないかのように、ぼぉっとしながら目線は宙を泳いでいる。注意されると自分の世界を邪魔されたと感じるのか、周囲の子どもにちょっかいを出し始める。するとまわりの子どもも便乗して騒ぎ出す！　こんな悪循環が起こってしまい、結果的には授業妨害になってしまうこともあるようです。

エピソード②授業中に宇宙と交信！？　見る、聞く、触る、味わう、感じるといった感覚も、Mには独特な感性があります。先生の声の高さや響きにも敏感に反応してしまい、苦手な音を聞くと、その場から逃げるように身体の向きを変え、目線をずらし両手でマジシャンのような仕草を始めます。自分の席には座っていますが、まるで別空間へワープしたかのようです。Mを刺激の多い場所に連れて行くと、同じように宇宙と交信（私はそう呼んでいます・笑）を始めます。アスペルガー症候群は高機能自閉症とも言われていますが、やはりこういう姿を垣間見ると、自閉傾向もあるんだな～と、しみじみ感じます。

エピソード③学校で興味のない時間を何時間と過ごし、やりたいことができなかったMは帰宅するやいなや、せっせと好きなカードゲームを始めます。「手を洗ってうがいしてね」と言っても、なかなかできません。いろんなストレスから解放され、カードに夢中のM。そろそろ遊びに納得できた時間かな〜と、ころ合いを見計らって「宿題タイムだよ」と声をかけると「え〜まだやりたくない！」そしてお決まりのセリフ「何で世の中に宿題なんてあるの！」の連呼。こうなるとてこでも動きません！　勉強は自分のためにするんだよと一応は理由付けしますが、必ずいろんな言い訳で反論してきます。言葉で説得しようものなら、あ〜言えば、こ〜言う合戦に。アスペルガーの子どもは頭の回転が速く、理論は禁物なのです。そういう時は「宿題をがんばったら、その後はたくさん遊んでいいんだよ」と、切り換えを促します。「そうか！」と切り換えられる時もありますが、ほとんどの場合、宇宙との交信が終わるまで、堪忍袋の緒を締めて根気強く待つしかないのです（1〜2時間くらい待つことも頻繁にあります）。

毎日がこの繰り返しですが、担任の先生の「Mさんはやればできる！」との日々の励ましもあり、なんだかんだと言い訳を言いながらも、最近では少しずつですが勉強にも集中できるようになってきました。

　次回はMが思い悩む「お友だち」とのやり取りについてお話します。

苦手な刺激から逃げようとして「宇宙との交信」を始めるM君。あなたのまわりにも「交信中」の人いませんか？

発達障害って何？ ～うちの息子Mの日常④～

健常の子どもにはない独特の感性と感覚を持っているアスペルガー症候群の息子Ｍは、現在小学校２年生です。Ｍはその個性的な感覚ゆえに、からかいやいじめの対象になることが少なくありません。本人はいたって大まじめ、もしくは自然体なのに、その言動や行動は友だちから見るとヒドク滑稽《こっけい》に映ってしまうのです。

エピソード①Ｍが１年生だったころ、学校の休み時間に教室をのぞきに行った時、クラスの子どもたちがわ～っと駆けよって来て、質問攻めにあったことがありました。「どうしてＭくんはいつも先生に怒られているの？」「どうしてＭくんは恐竜の話しかしないの？」「どうしてＭくんはいつも変なことばっかりやっているの？」見たまま感じたままを、母である私に投げかけてきたクラスのお友だちに、「Ｍくんは夜寝ている間にいろんな世界の夢を見ているんだよ。教室に入ってからも、夢の続きがまだ頭の中に残っているから、みんなと違うことを言ったりしたりするんだよ」と話すと、子どもたちは「へぇ～、そうなんだ～」「なんかふしぎ！」とほんの少し納得してくれた様子でした。

エピソード②学童クラブの先生から「このごろＭくんは図書室で静かに本を読んでいることが多いです」との連絡があったので、さっそくＭに理由を尋ねると、男の子たちの間でサッカーがはやっているけど、自分はルールがわからないしボールの蹴《け》り方も下手だから仲間に入れないとのこと。プライドの高いＭにしてみれば、友だちからできないことをなじられたり、バカにされたりすることがたまらなく嫌なのです。「やり方がわからないから教えてよ」と気軽に聞くことはできないのです。ルールを理解することも苦手、身体を激しく動かし友だちと頻繁に接触することも苦手なＭ。一見するといじけているような印象ですが、Ｍなりの自己防衛本能が働いて、嫌な気持ちになるくらいなら、大好きなカードゲー

ムの攻略本を静かに眺めることを冷静に選択しているようです。

エピソード③それでも友だちが大好きなMは何とか仲間に入ろうと必死に努力をしています。ある日、帰宅するなり不機嫌そうな顔をしているので「どうしたの？」と尋ねると、○くんと△くんに「将棋のやり方を教えてあげるから、やろう」と誘われ、一緒に遊びたい一心で何とかついていこうとがんばったけれど、とうとう最後までチンプンカンプンだったらしく、まったく自分の出番はなかったとのことでした。楽しくなくても、友だちとの時間を共有したいとガマンをした結果、家に帰ってから大好きなカードを部屋中に広げてストレスを発散するMなのです。

２年生くらいになると、こんなことをしたら恥ずかしい、笑われるかもしれないから止めておこうという気持ちが少しずつでも芽生えてくると思います。その場の空気を読むのが苦手なMは、そういう感覚が健常の子どもとは明らかに違っているため、何をやるにせよ、ほかの子たちから見るとおかしなことに見えてしまい「逃げろ～！」と避けられ、その場に一人ぼっちにされてしまうこともしばしばあるようです。

こうした日ごろの友だちとのやり取りから、いろんなことを学んでほしいと思い、何かあるたびに丁寧に対応の仕方を説明している日々です。

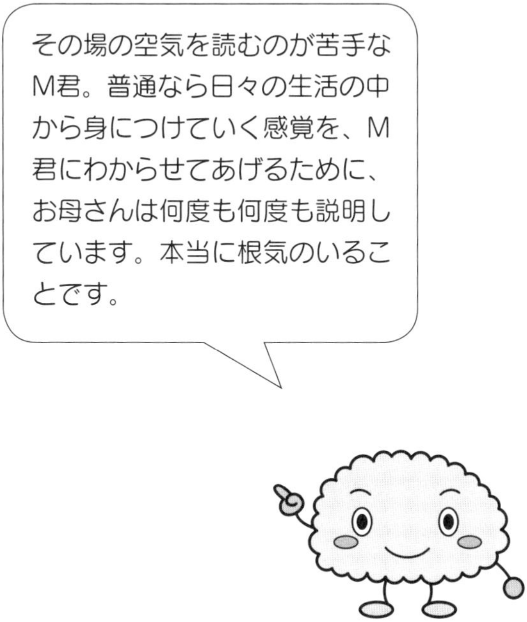
その場の空気を読むのが苦手なM君。普通なら日々の生活の中から身につけていく感覚を、M君にわからせてあげるために、お母さんは何度も何度も説明しています。本当に根気のいることです。

発達障害って何？ ～うちの息子Mの日常⑤～

発達障害（アスペルガー症候群）の息子、Ｍの日常を書き綴《つづ》ってきたコラムも、最終回となりました。生まれてからのこと、小学校での出来事、お友だちとのことなど、様々なエピソードを紹介してきましたが、今回は小学２年生のＭと障害についてのやり取りの話をします。

エピソード①ある日、学校から帰ってくるなり、「僕はどうしてしっかりしてないのかな～。どうしたらしっかりできるのかな～？」とため息まじりに話し出したので、理由をたずねると、学級会で班長を決めるということになり、クラスの大半が「立候補する！」という状況下で、Ｍも手を上げたとのこと。結果、Ｍは落選、選ばれたのは、面倒見の良い落ち着きのある子たちだったとのこと。「しっかりしていない」とは、そういうお友だちと自分を比較しての発言でした。

アスペの子は協調性がない、場の空気が読めないと言われていますが、みんなとちょっと違う自分を客観的にちゃんと見ることができていることと、友だちを意識できていることに成長を感じ、「無理しなくていいんだよ。みんなと違っていいんだよ。そのうちしっかりできるようになるかもしれないよね」と、励ましました。

後日談ですが、担任の先生は、Mが立候補しただけで、感動だったそうです。

エピソード②Mが最近ハマっていることのひとつにマンガをかくというのがあります。

小学生に人気のコミック本を、学童のイベントでゲットしてから、すっかりファンになり、ケラケラ笑いながら読んでいるかと思ったら、ノートと鉛筆を出してシャカシャカかきだします。「何かいているの？」と話しかけても返事もろくにせず、もくもくとかいているんです。何時間も！　さすがに「明日も学校だよ、もうそろ

そろおしまいにして、かたづけてください」とお願いしても「今いいところなんだから！」の一点張り。「でもね、もうこんな時間になっちゃったよ」と説得を続けると「うるさいな～！」とプチギレ状態に。そんな時は「そういうところが、みんなと違うんだよ。ほかのお友だちは、そこでやめられるんだよ」と切り出します。そして、好きなことに集中しだすと、エンドレスになってしまうMに、健常者との違いや、一緒にいる人の気持ちも考えるように話していきます。

Mは絵がとても上手なので、かいたマンガを見ながら「うまいね！　絵の天才だね！」と、必ずほめることも忘れません。すると半ばあきらめたかのように「わかりました！」と言いながら、手を止めてかたづけ始めます。もちろん、話のすべてを理解しているわけではありませんが、最近は、少しずつ切り替えができるようになってきたのです。

このようにして、生活の中で、わかりやすく、具体的に、みんなとの違いや、障害のことを話すようにしています。「2年生に障害の話をしていいものか」と、ためらいがないわけではありませんが、思春期になった時に、必ず良い結果が出ると信じて話しています。愛情を込めほめることも忘れずに、自分のこと、友だちのことを繰り返し伝えることで、着実にＭは成長しています。これからも個性豊かなＭと向き合いながら、親子共々、成長していきたいと思っています。

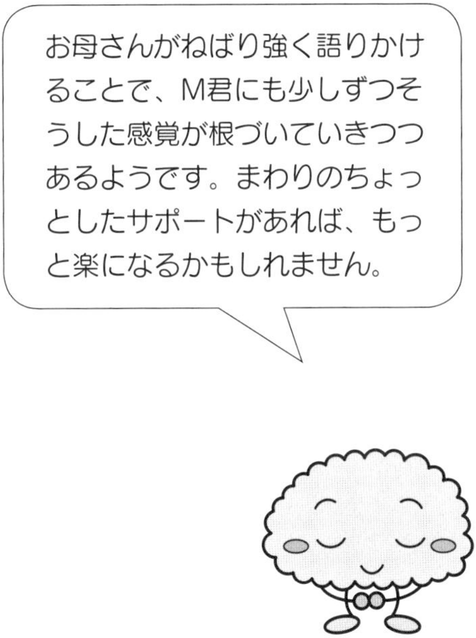
お母さんがねばり強く語りかけることで、M君にも少しずつそうした感覚が根づいていきつつあるようです。まわりのちょっとしたサポートがあれば、もっと楽になるかもしれません。

※表紙とカバーの恐竜のイラストはM君の作品です。

「もしかして、あの人も発達障害？」という人があなたのまわりにもいませんか？「もしかして、私も？」という方も…。発達障害は、誰もが多かれ少なかれ持っている特性が、強く出たものと言えるかもしれません。そのため、まわりが適切にサポートできれば、「障害」と言わずにすんでしまうこともあるのです。また、コダワリの強さを生かして、徹底的にこだわっていけば、「その道」の第一人者になることもあります。アーティストや研究者などには発達障害の人が多いとも言われます。

M君のお母さんは、明るく強くいろいろな問題に正面から取り組んでいますが、発達障害のお子さんを持つ親御さんは、非常に追いつめられた心境にある方が少なくありません。「場の空気の読めない」お子さんは、電車の中でもスーパーの中でも、あたりかまわず騒いでしまうこともあるでしょう。そんな時に冷たい目で見られたら、「こんなにがんばっているのに…」とやりきれなくなることもあるかもしれません（実際に、単にしつけの問題がある親子もいるでしょうが…）。

あなたのまわりに「もしかして、あの子…」と心当たりのある子がいれば、ちょっとしたサポートの手をさしのべてあげてくれませんか？ 一人ひとりのちょっとした優しさが重なっていけば、結果は決して小さくないと思うのです。

著者紹介

石崎 朝世　社団法人発達協会王子クリニック 院長
東京医科歯科大学医学部卒業、東京医科歯科大学小児科、東京女子医科大学小児科、東京都立府中療育センターを経て現在に至る。
医学博士、日本小児科学会専門医、日本小児神経学会専門医。

藤井 茂樹　独立行政法人国立特別支援教育総合研究所 教育相談部 総括研究員
大阪教育大学教育学部言語障害課程卒業、滋賀県公立小学校教諭（ことばの教室担当）、兵庫教育大学大学院修士課程学校教育研究科修了、甲西町・合併後 湖南市（滋賀県）発達支援室 室長を経て現在に至る。
特別支援教育士スーパーバイザー。

参考資料

『多動な子どもへの教育・指導』石崎 朝世 監修・著　明石書店　2001年
『発達障害のある子の困り感に寄り添う支援』佐藤 曉　学研　2005年
パンフレット『特別支援教育』文部科学省　2007年
『心の健康ニュース』No. 320（2007年5月号）～ No. 330（2008年3月号）少年写真新聞社

取材協力

ひまわりの会

あとがき

特殊教育から特別支援教育へと移行した中で、一番のポイントになっているのが発達障害の子どもたちです。特殊教育は、視覚障害や聴覚障害、肢体不自由や知的障害などの障害を持つ子どもたちに特化したもので、その教育に携わる教師たちも障害児教育のプロ。障害児教育では成果を出しつつも、ある意味、健常児から障害児を隔離するものであったともいえるのではないでしょうか。

しかし、特別支援教育は、障害児と健常児の間の存在ともいえる発達障害児にも光を当てることで、この両者の間にあった溝を埋めるものとしていけるかもしれません。発達障害児に配慮したわかりやすい環境は、健常児にとっても学びやすいものであるといえます。これまでの効率最優先の教育から、文字通り一人ひとりのための教育が始まるきっかけとなるかもしれません。

特別支援教育の制度はスタートしたものの、中身はまだまだこれからといわれます。教師はそれでなくても仕事が多く、「これ以上、仕事を増やさないで」というのも本音かもしれません。しかし、特別支援教育に積極的に取り組む自治体からは、さまざまな良い報告がなされています。一人の子どものためのサポートが、いろいろな人を巻き込んで、大きなうねりとなっていくようです。教育、福祉、行政など、それぞれの機関が、お互いの垣根を越えて、いかにうまく「つながる」ことができるか、知恵が勝負といえるかもしれません。

今あるものを最大限に生かし、つながって、これまでに無かった価値を生みだしていかなくてはなりません。そのために第一歩として、本書をご活用いただければ幸甚です。

発達障害はじめの一歩

～特別支援教育のめざすもの～

2008年３月21日　初版第１刷 発行
2014年11月10日　第２版第３刷 発行
著　　者　石崎 朝世，藤井 茂樹
発 行 人　松本 恒
発 行 所　株式会社　少年写真新聞社
〒102-8232　東京都千代田区九段南４-７-16
市ヶ谷KTビルⅠ
TEL 03-3264-2624　FAX 03-5276-7785
URL http://www.schoolpress.co.jp/
印 刷 所　図書印刷株式会社

ISBN978-4-87981-254-4 C0037